FALANDO O MAIS RÁPIDO QUE POSSO

LAUREN GRAHAM

FALANDO O MAIS RÁPIDO QUE POSSO

Tradução de
Ananda Alves

4ª edição

EDITORA RECORD
RIO DE JANEIRO • SÃO PAULO
2025

CIP-BRASIL. CATALOGAÇÃO NA PUBLICAÇÃO
SINDICATO NACIONAL DOS EDITORES DE LIVROS, RJ

G769f 4ª ed.

Graham, Lauren, 1967-
Falando o mais rápido que posso: de Gilmore Girls a Gilmore Girls e tudo no meio do caminho / Lauren Graham; tradução de Ananda Alves. – 4ª ed. – Rio de Janeiro: Record, 2025.

Tradução de: Talking as Fast as I Can
fotos
ISBN 978-85-01-10874-6

1. Lauren, Graham, 1967-. 2. Atrizes – Estados Unidos – Biografia. I. Alves, Ananda. II. Título.

16-36982

CDD: 927.9143028
CDU: 929:791

Título original:
Talking as Fast as I Can: From Gilmore Girls to Gilmore Girls (and Evrything in Between)

Esta tradução foi publicada mediante acordo com a Ballantine Books, um selo da Random House, uma divisão da Penguin Random House LLC.

Texto revisado segundo o Acordo Ortográfico da Língua Portuguesa de 1990.

Impresso no Brasil

ISBN 978-85-01-10874-6

Seja um leitor preferencial Record.
Cadastre-se no site www.record.com.br e receba informações sobre nossos lançamentos e nossas promoções.

Atendimento e venda direta ao leitor:
sac@record.com.br

Para mamãe e papai

Índice

Introdução 9

Avance uma casa 13

Trabalho árduo 33

Não dá para ser vegana só para a Ellen 51

Só há uma única Betty White ou: papel toalha, uma história de amor 63

Como foi — Parte um 75

Antes do meu cartão REI: algumas considerações sobre estar solteira 103

Dias de trabalho 119

Não julgai para que não sejas um juiz em *Project Runway*: minha vida na moda 131

Quem sabe um dia você vai acreditar que o meu livro não foi totalmente autobiográfico 145

Cronômetro de Cozinha 163

Parenthood é a melhor vizinhança 171

Olhem para a frente! Um conselho da sua amiga, senhora Jackson 177

Como foi — Parte dois 189

Agradecimentos 237

Introdução

Se, no início da minha carreira, você me pedisse para adivinhar qual personagem seria mais provável que eu voltasse a interpretar, 15 anos depois de tê-la representado pela primeira vez, a resposta teria sido apenas uma. Até mesmo naquela época eu sabia, assim que li o roteiro, que havia ganhado a oportunidade de interpretar alguém muito especial. Na verdade, se me pedisse para colocar dinheiro nesse palpite, eu teria apostado tudo o que tenho, até o último centavo. Porque, embora eu me considere muito sortuda por ter interpretado diversas mulheres memoráveis e sinta um carinho verdadeiro e profundo por cada pessoa que fingi ser, de fato há apenas uma com a qual tive um tipo especial de conexão. Na arte dramática, assim como na vida, você tenta fingir que não tem favoritos, mas normalmente tem, e todo mundo percebe isso. Escrevi este livro porque, para minha sorte, a minha preferida é também uma personagem adorada pelos fãs e que, na minha opinião, representa a época em que sentia estar no meu melhor momento como atriz.

Acho que todos concordamos que nunca estive melhor e que o público nunca ficou tão impressionado quanto quando tive a chance de dar vida à essa personagem tão popular:

Os críticos me chamavam de... bem, não tenho certeza se tínhamos um crítico de teatro na Langley High School no final dos anos oitenta. Mas considero indiscutível que minha performance como Dolly Gallagher Levi em *Hello, Dolly!* foi de fato venerada pelos fãs ou, como gosto de chamá-los, minha avó. Na verdade, acho que reproduzo literalmente as palavras dela quando digo que vovó delirou com a minha Dolly por "trocar de figurino uma quantidade impressionante de vezes". E, sem querer me gabar, meu pai também avaliou minha performance: "Uau, aquele chapéu com certeza tem muitas penas." Então acho que consegui conquistar tudo o que uma atriz tem para conquistar quando está no primeiro ano do ensino médio. É incrível que ninguém ainda tenha me convidado para interpretar de novo aquele papel na Broadway ou até mesmo em outro lugar, melhor e mais óbvio: o auditório da Langley High School. Na verdade — e não pensem que quero soar como uma diva aqui —, estou bem chateada com isso. O Povo (meu pai) MERECE me ver novamente, anos depois, com aquela maquiagem toda espalhada pelo rosto (ou talvez com um pouco menos)! Alguém ligue para o Ben Brantley! Abra o olho, Carol Channing, eu vou te pegar!

Mas falando sério agora...

Na verdade, escrevi este livro porque representar mais uma vez a eloquente Lorelai Gilmore me fez refletir sobre como foi interpretá-la pela primeira vez, e isso me fez pensar inclusive sobre como cheguei lá, e como minha vida mudou em alguns aspectos entre a primeira e a segunda encarnações. Este livro é sobre o passado e o (quase) presente também, já que vou dividir com vocês algumas partes do diário que mantive durante as filmagens de *Gilmore Girls: um ano para recordar.*

Nestas páginas também vou contemplar o futuro e relatar minhas descobertas a vocês e a alguns chefes de Estado selecionados. Vai ser tudo mentira, uma vez que não posso realmente ver o futuro, mas quem irá me impedir de dizer o que eu bem quiser aqui? O livro é *meu*! O poder subiu à minha cabeça!

Este livro é sobre amadurecer, começar algo novo e sobre a vez que me pediram para fazer um teste para um papel com a minha bunda. É sobre todos os trabalhos esquisitos que tive durante o tempo em que segui em busca do meu sonho, sobre algumas péssimas escolhas que fiz relacionadas à moda e sobre as 11 milhões de dietas que tentei. Vou contar aqui como aprendi a ser uma escritora mais competente, como descobri que sou uma juíza terrível e como me dei conta de que conhecer alguns caras em premiações talvez não seja a melhor forma de começar um relacionamento bem-sucedido.

Imaginei como seria deixar de lado uma pessoa que por oito anos amei tanto e, então, resgatá-la novamente. Eu me questionei se reiniciar *Gilmore Girls* seria tão gratificante quanto foi fazer a série pela primeira vez, se ela teria aquela sensação de frescor, excentricidade, inteligência e rapidez que tinha no passado, se voltar a Stars Hollow depois de todos aqueles anos seria tão maravilhoso quanto sonhei.

Alerta de spoiler: foi.

Avance uma casa

• • • • • • • • • • • • •

Algumas das coisas mais emocionantes que aconteceram na minha vida se deram antes de eu completar 6 anos. Nasci em Honolulu, no Havaí, o que já é incrível por si só, mas, três semanas depois, antes mesmo de eu ter tempo de dar um jeito no meu bronzeado, nós nos mudamos para o Japão. JAPÃO. Berço da minha comida preferida da vida: creme de ervilha. Bom, provavelmente essa era a minha comida preferida na época; que desperdício, já que eu poderia estar comendo rolinhos de atum picantes com wasabi extra. Que droga, Bebê Lauren, você e seu paladar infantil! Bem, para ser justa, você *era* uma criança. Desculpe por ter gritado.

Em Tóquio, nós moramos com a minha avó por um tempo, e eu tive uma babá japonesa ou *uba*, que por acaso pode ser traduzido como "mãe de leite", coisa que acabei de descobrir depois de uma pesquisa. (Espere um pouco, por favor, enquanto ligo para minha terapeuta.) O nome dela era Sato-san, eu a amava, e, como resultado disso, minha primeira palavra foi em japonês: *o-heso*. Você deve estar pensando que essa é a palavra em japonês para "mamãe" ou "papai", mas não. *O-heso* significa "umbigo", e acho que isso já prova que sou uma pessoa bastante incomum, profunda e contemplativa, e que não há mais nada a dizer, então obrigada por comprar este livro. Fim.

Espere, tem mais coisas. Minha mãe, que era filha de missionários, cresceu no Japão e falava fluentemente o idioma. Também era muito inteligente e bonita, uma combinação que a levou a isto:

Essa é minha avó me segurando enquanto assistíamos à minha mãe, que está *na televisão*! Na época em que havia apenas três canais de TV nos Estados Unidos, e talvez até menos em Tóquio, e um ar de mistério envolvia a coisa toda — bem diferente de hoje, quando a probabilidade estatística de *não* dar de cara com seu próprio reality show é inconcebivelmente pequena. A televisão havia acabado de ser *inventada*, e lá estava ela. Eu era tão pequena que possivelmente estava pensando em creme de ervilha de novo. Ou, mais provável, no meu assunto preferido: umbigos.

Em notícias relacionadas, aparentemente em algum tipo de página GikiWoogle sobre mim, sou citada dizendo "Umbigos são importantes". O que, embora fosse meio que uma verdade óbvia, medicamente falando, levando em consideração as propriedades vitais do cordão umbilical, também era claramente uma brincadeira. Ainda assim, perdi as contas de quantas vezes, durante uma entrevista, jornalistas assumiam aquele olhar sombrio que diz "agora-vou-com-tudo" que eu tanto amo e me perguntavam, com uma falsa sinceridade ao franzir a testa: "Você *realmente* acha que umbigos são importantes?" Permita-me esclarecer uma coisa de uma vez por todas: humm, não, eu não acho. O livro mal começou e já falei mais do que deveria sobre umbigos. Caramba, jornalistas de tabloide! Seus Sábios Descobridores da Verdade! Mais uma vez, me desculpe — preciso parar com os gritos.

Então, de qualquer forma, lá estava ela, minha mãe, na maior televisão disponível da época, que era aproximadamente do tamanho de um cubo mágico. Ah, dê uma olhada no visual dos anos sessenta maneiríssimo dela à la Priscilla Presley! A habilidade da minha mãe, como não nativa, para falar o idioma era tão rara que ela vivia sendo convidada para participar de um talk show que passava durante o dia.

Meus pais não ficaram juntos por muito tempo. Eles não se conheciam direito quando decidiram se casar, e eu nasci logo depois, quando os dois tinham apenas 22 anos e... Bem, isso resume bastante. Eles eram muito, muito jovens.

Além disso, naquela época, minha mãe estava tentando seguir carreira como cantora, e foi decidido que eu ficaria com o meu pai. Eles se separaram amigavelmente, e meu pai fez uma escolha óbvia, algo que todos nós faríamos nessa situação: nós nos mudamos para as ilhas Virgens, onde fomos morar em uma casa-barco. Eu dormia em uma coisa que parecia um beliche e que também era a cozinha. O ônibus, que na verdade era uma lancha, vinha me buscar para me levar para a creche. Nós nos mudamos para lá, porque... Quer saber? Não me lembro por que exatamente. Vamos ligar para o meu pai e perguntar. É provável que ele não atenda, porque está na Costa Leste e hoje é um sábado de primavera, então, a não ser que esteja chovendo, ele saiu para jogar golfe. Mas vou dar um suporte visual de qualquer forma, assim você também pode brincar de Ligar Para o Meu Pai da sua casa!

Eu sei, não é uma vergonha o fato de não sermos nem um pouco parecidos? Tudo bem, vamos ver se ele está em casa.

Trim, trim, trim, trim.

Eu disse. Ele provavelmente não está...

PAI: Alô?

EU: Ah, oi! Achei que você não fosse estar em casa.

PAI: Está chovendo aqui.

EU: Bom, então está explicado. Ei, me diz uma coisa... por que a gente morava em uma casa-barco naquela época?

PAI: Quem é?

EU: Você por acaso tem outros filhos com quem morou em uma casa-barco?

PAI: Não, eu tenho outros filhos que me ligam mais.

EU: Pai, por favor. Eu te ligo sempre. Então, isso é para o livro e...

PAI: Vai ser outro pai confuso como no seu último livro?

EU: Pai, no geral eu não diria que aquele personagem era confuso. Ele só era meio atrapalhado com *tecnologia*.

PAI: Espera... o que foi que disse? Não consegui te ouvir. Apertei sem querer um desses botões idiotas do telefone.

EU: Hmmm, tá. Eu estava dizendo que o pai no meu primeiro romance — o best-seller do *New York Times Quem sabe um dia*, publicado nos Estados Unidos pela Ballantine Books, um selo da Random House e agora disponível em brochura* — não é exatamente *confuso*, e, de qualquer forma, ele só se parece um pouquinho com você.

PAI: Por que você está falando assim?

---

* E lançado no Brasil pela Editora Record.

EU: Assim como? Só pensei que, como o Natal está quase chegando, e não importa como você vai celebrar a data, livros em geral são considerados ótimos presentes!

PAI: Assim! Como se você estivesse vendendo coisas pro público. Você está na *Ellen* agora?

EU: Pai, eu não estaria te ligando do set da *Ellen*.

PAI: Ui, ui, sou *chique*. Moro em *Hollywood*, onde as pessoas não podem ligar para os próprios pais do set do programa *Ellen*.

EU: Pai, por favor. De novo: por que fomos morar naquela casa-barco?

PAI: Bem, eu estava trabalhando para aquele deputado e as jornadas eram longas, então deixava você pela manhã e só te via depois das seis da noite, e me sentia mal com isso. De qualquer forma, não tinha certeza se a minha carreira estava no caminho certo. Além disso, eu estava meio que saindo com aquela garota... você se lembra dela? A que tinha um cavalo? Bem, ela ia pra lá de vez em quando, e pensei em morar lá também, escrever e...

Vou interromper meu pai aqui (bem, na verdade, ele ainda está falando, então *shhh*... não contem a ele). Mas tenho de explicar que, quando eu era criança, pensava que meu pai nunca saía com ninguém até conhecer minha madrastra, com quem ele se casou. Só anos mais tarde eu descobri que as senhoritas que de vez em quando apareciam foram um pouquinho mais do que a "babá do gato", aquela "moça legal com quem jogo tênis" e a "garota que tinha um cavalo". E eu não as culpo. Quer dizer, quem não iria querer "cuidar do gato" desse cara?

A propósito, podemos falar sobre a grossura desnecessária dos cintos infantis na década de setenta? Assim, dá uma olhada no... Ops, meu pai ainda está no telefone!

PAI: ... e, de qualquer forma, ela conhecia todo mundo na marina em St. Thomas.

EU: Então a gente meio que velejou ao redor da ilha e coisas do tipo?

PAI: Ah, não. O motor do barco não funcionava.

EU: O motor não...? Nós moramos em uma banheira enorme e flutuante que não saía do lugar?

PAI: Admito que aquela marina era um lugar estranho, mas amigável. Muito boêmio. Todo mundo que morava lá estava meio que se desligando da sociedade, nós também, de certa forma... mesmo semanas depois de sairmos de Washington, D.C., tinha certeza de que minha mãe ainda achava que eu trabalhava no Capitólio. Mas consegui passar mais tempo com você, o que era o objetivo. Era lindo lá. Passeamos bastante por vários lugares e fomos à praia. Pode parecer estranho pra você agora, mas era algo que as pessoas faziam nos anos setenta. E nos divertimos muito.

(Uma pausa enquanto nós dois relembramos o passado.)

EU: Você fez muito por mim, pai. Eu te amo.

PAI: Eu também te amo, filha.

(Outra pausa.)

PAI: Mas *quem* está falando mesmo?

Quando eu tinha uns 5 anos, nós nos mudamos para Southampton, em Nova York, presumivelmente para morar em uma casa da qual não podíamos mergulhar, e comecei o jardim de infância. Um dia, durante minhas primeiras semanas na escola, a professora saiu da sala (deixar crianças sozinhas com potes de cola abertos também era algo muito anos setenta) e, quando voltou, me pegou lendo um livro para a turma. A princípio, ela pensou que talvez eu o tivesse decorado depois de ter escutado alguém lendo para mim em casa, mas, depois que deixei meus colegas impressionados com a leitura de outro livro — toma essa, *Green Eggs and Ham!* —, tiveram de admitir que eu realmente sabia ler. Meu pai lia para mim toda noite desde que consigo me lembrar e, em algum momento, acho que meio que peguei o jeito da coisa. Mas isso confundiu a professora e a escola, porque, sem querer, acabei com todo o planejamento deles para aquele ano. Se eu não estava no jardim de infância para aprender a ler, participação e pintura a dedo poderiam ser consideradas atividades suficientes para a grade curricular de um ano inteiro? Se não, o que deveriam fazer comigo?

Fui enviada para o gabinete de um cara descolado chamado Mike. Não sei qual era a verdadeira função dele na escola, mas eu me lembro de ficar sentada na sala desenhando meus sentimentos ou qualquer outra coisa (anos setenta!), enquanto ele se inclinava para trás na cadeira, com os pés em cima da mesa, e foi assim que soube logo de cara que ele era descolado. Isso aconteceu de novo por mais alguns dias. Mike todo dia me perguntava se eu estava entediada no jardim de infância. Na verdade, não, Mike... você já viu todos os livros incríveis que eles têm lá? E é basicamente disso que eu me lembro. Mas, no final da semana, pelo visto, eu o havia convencido de que fazer correntes com folhas de cartolina durante um ano inteiro iria diminuir meu intelecto, e ele me transferiu para a primeira série.

No meu primeiro dia na turma nova, a professora fez uma eleição de brincadeira e pediu para que cada aluno se levantasse e marcasse no quadro negro o candidato em que votaria na próxima eleição presidencial: McGovern ou Nixon (anos setenta!). McGovern ganhou de lavada (não na vida real, mas, estranhamente, naquela turma), e fui uma das poucas crianças que votaram no Nixon. Aquilo fez com que eu me sentisse incomodada. Mesmo que não fizesse ideia de quem era cada candidato, ou até mesmo do que a palavra "candidato" significava, eu sabia que não fazer parte da maioria queria dizer que, de alguma forma, havia feito a escolha errada. Além disso, como uma turma inteira poderia *não* ter votado em um cara chamado Nixon, porque, sério, não é o máximo ter a letra *x* no nome? O fato de aquela característica tão peculiar não ter impressionado todo mundo da mesma forma que me impressionou foi o primeiro sinal de que eu estava tendo dificuldades.

Para início de conversa, pular uma série parecia algo extraordinário, porém o que mais me lembro é de quão confusa e desconfortável eu me senti, principalmente durante as primeiras semanas. Nunca havia tido problemas para me enturmar e, naquela época, em vez de me sentir especial ou talentosa, eu me senti esquisita e excluída. De repente, o que tinha feito com que eu me sobressaísse e impressionasse algumas pessoas passou a fazer com que eu me sentisse uma estranha.

Mas pular uma série também me deu a noção, durante toda a minha infância, de que eu havia sido agraciada com um ano "extra". Isso pairava sobre a minha cabeça como uma espécie de moeda da sorte, algo ao qual eu queria me agarrar enquanto pudesse até o dia em que realmente precisasse usá-lo. Não sei o motivo exato, mas, de certa forma, eu concebia a vida como uma grande competição para alcançar uma espécie de linha de chegada, como uma longa e extensa temporada de *The Amazing Race*. Ao pular uma série, eu havia recebido o poder de avançar uma casa. Aquilo assegurava que eu seria capaz de saltar sobre o que quer que fosse o equivalente na vida àquela confusa corrida na Nova Zelândia, vencendo até mesmo as equipes mais incríveis como os Twinnies ou os Afghanimals, chegando então em primeiro lugar e sendo cumprimentada por um adorável gnomo e ganhando um enorme cheque de papelão de um milhão de dólares assinado por Phil, o próprio apresentador, e uma viagem da Travelocity.

Houve alguns anos durante os quais eu me esqueci quase completamente de toda a história sobre pular uma série. No ensino fundamental e até os 14 anos, costumava cavalgar nos fins de semana, às vezes trabalhava em um celeiro depois da aula e tinha festas do pijama no meu aniversário, nas quais saíamos no meio da noite para correr com nossas roupas de dormir. (Estamos correndo! Ao redor do quarteirão! De pijama! Que divertido!) Eu também curtia passatempos sofisticados, como cobrir a casa das pessoas de papel higiênico (isso não era exatamente *ruim* no meu grupo de amigos... na verdade, era um ótimo sinal se as pessoas se davam ao trabalho de jogar papel higiênico na sua casa; eu me lembro de rezar para ser *mais* atacada); atuar em novelas elaboradas envolvendo meu bonecos trolls; fazer cobertores para os meus 37 cavalos de brinquedo e gravar as falas dos filmes da Judy Garland que passavam na televisão com meu gravador da Radio Shack vermelho de plástico. Eu ficava acordada até tarde ouvindo minhas fitas sem parar, motivo pelo qual fico feliz em anunciar que ainda consigo cantar a música "The Trolley Song" para vocês agora!

With my high starched collar,
And my high-top shoes,
And my hair piled high upon...

O que houve? Ah, tudo bem, você provavelmente está certo. Vamos fazer isso mais tarde então.

De qualquer forma, meu pai conheceu minha madrasta por volta dessa época, eles se casaram, e nós nos mudamos para um dos distritos da Virgínia, em parte para que eu ficasse mais perto do celeiro onde cavalgava, o que foi irônico, já que não demoraria muito para que eu transferisse todo o tempo que passava lá para as peças da escola.

Pulei uma série de novo, no segundo ano do ensino médio, e todos, menos eu, começaram a tirar carteira de habilitação. Eu queria muito não precisar mais andar de ônibus escolar, e o fato de eu só poder dirigir depois de todos os meus colegas da escola era uma punição injusta demais por ter conseguido ler um pouco antes deles.

Na Virgínia, só se podia beber a partir dos 21 anos, mas logo depois da ponte, em Washington, D.C., a idade era 18, e soubemos que lá identidades falsas funcionavam com uma regularidade surpreendente. Tínhamos vontade de entrar nos bares de Georgetown principalmente por conta de um desejo de passar horas a fio dançando com a música em volumes que não eram permitidos em nossos porões. Isso foi durante uma época do ensino médio na qual dançar estava na moda. Então chegou o dia em que isso acabou; dançar simplesmente deixou de ser legal. Mas, durante aquele tempo, misteriosamente era considerado ok, e lembro que a gente pulava de felicidade feito um bando de loucos por nenhum motivo aparente. Michael Jackson aparecia na TV fazendo o *moonwalk*, e ninguém jamais tinha visto nada como ele. Com a capota de seu VW Rabbit conversível aberta, Virginia Rowan e eu cantávamos aos berros as músicas da dupla Wham, do Morrisey e de uma cantora nova chamada Madonna. Bruce Springsteen era tudo naquela época. Minha amiga Kathryn Donnelly costumava subir em uma mesa e cantar a letra inteira de "Born to Run" usando um cabo de vassoura como microfone. Musicalmente, foi um ótimo momento para ser adolescente.

Eu não estava muito interessada em beber naquela época, mas algumas das minhas amigas, sim. E todo mundo morria de medo de ser parado pela polícia. Então foi assim que eu, aos 15 anos e sem carteira de habilitação, fui escolhida para ser a motorista da Mercedes do pai da Joyce Antonio. Aquilo fazia total sentido para mim como recompensa por ter sofrido a injustiça de ser um ano mais nova que os outros. Minhas amigas que queriam beber estavam a salvo. Todo mundo saía ganhando!

HAHAHAHA, que PÉSSIMA ideia. Literalmente o pior exemplo de "aprender na prática". Mas eu me lembro de todas nós pensarmos que tinha sido uma decisão realmente sábia e madura, e de nos sentirmos muito orgulhosas de nós mesmas por resolvermos de maneira tão engenhosa nosso problema de necessidade-de-dançar-enchendo-a-cara--ilegalmente. Porque, sério, leis não são apenas recomendações chatas? Quem precisa delas? Adolescentes de 15 anos sabem tudo! A boa notícia foi que levamos a sério a campanha "Se beber, não dirija". A má notícia era que a campanha "Não pegue a estrada se não tiver carteira" não tinha um slogan tão cativante. Na verdade, dirigir sem habilitação é uma ideia tão idiota que duvido que já tenha passado pela cabeça de qualquer pessoa fazer uma campanha mostrando o quão idiota isso era.

Por um milagre, todas sobrevivemos. E acabei tirando minha carteira de motorista. Durante a prova de direção, fiquei com medo de que a minha habilidade para estacionar chamasse atenção na primeira tentativa e que o instrutor se virasse para mim e dissesse "Tenho a impressão de que você sabe fazer isso por causa de todas as vezes que entrou no Winston's com uma identidade falsa para passar a noite dançando 'PYT'". Para minha sorte, ele não disse nada.

Em meio a tudo isso, a ideia de um ano sabático ainda passava pela minha cabeça, e eu estava tão decidida a guardá-

-lo para o momento "certo" que perdi uma oportunidade na qual poderia ter sido útil. Passei meu primeiro ano de graduação no curso de teatro da NYU's Tisch School of the Arts. Era e é um curso maravilhoso e tive ótimos professores, mas, aos 17 anos, eu me senti meio perdida tendo de fazer coisas como ficar sentada em uma cadeira durante horas tentando invocar sensações de "frio" e "calor". Aquilo não era o que eu tinha imaginado da faculdade. Cheguei a visitar alguns amigos que estavam em programas mais acadêmicos e fiquei receosa de estar perdendo tempo. Então, no fim do ano, pedi transferência para o Barnard College para me graduar em inglês.

Como era de se esperar, minha aula de temperaturas — entre outras — não teve muito valor em minha nova faculdade, e quase nenhum dos meus créditos foi transferido. Teria sido um momento maravilhoso para recomeçar como caloura, mas eu ainda não estava pronta para abrir mão da minha moeda da sorte! Então, para me formar no tempo certo, tive de pegar todas as matérias de cada semestre. A tudo isso, acrescentei peças, musicais e o grupo a capella The Metrotones, que visitava outras faculdades em quase todos os fins de semana. Fiquei completamente exausta e atrasada nos meus estudos durante três anos. O Barnard College foi um lugar muito bom para mim, e adoro voltar lá para participar de palestras ou apenas para fazer uma visita, mas tenho certeza de que eles enterraram (e com razão) meu histórico escolar em algum lugar muito abaixo da linha do trem 1 na rua 116 com a Broadway.

O ano seguinte à minha graduação acabou sendo o momento no qual finalmente lancei minha moeda da sorte na mesa. A maioria das pessoas chamaria esse momento de "o ano seguinte à minha formatura na faculdade", mas, para mim, acabou sendo a retirada do tempo que depositei no banco que existia na minha cabeça.

Meus melhores amigos da faculdade se mudaram para outro país, conseguiram emprego em outro lugar que não era Nova York ou ainda passariam mais um ano estudando. Então, sem nenhum deles com quem dividir um lugar para morar fui parar em um quarto minúsculo em um apartamento que dava para um vão entre prédios. De alguma forma, depois de doar meu guarda-roupa limitado e sem brilho, fui contratada por uma loja de roupas onde trabalhava durante o dia. À noite, consegui um emprego como garçonete. Meus dias normalmente começavam antes das oito da manhã, e eu voltava para casa depois das duas da madrugada, morta, com os pés doloridos, e tendo de encarar a mesma jornada no dia seguinte. Ainda assim, não ganhava dinheiro suficiente para ter muito com o que viver depois de pagar o aluguel.

Além disso, me dei conta de que havia passado quase todo o meu tempo na faculdade, e que durante o verão eu sempre estava envolvida em algum tipo de arte performática. Porém, ali, naquele momento, eu estava levando uma vida sem nada daquilo. Mesmo quando estava dura na época da universidade, eu atuava ou cantava em um milhão de produções e sempre conseguia encontrar um jeito de assistir a peças e a musicais: me voluntariava para ser lanterninha ou conseguia ingressos com desconto. Agora, no entanto, eu não tinha nem tempo nem dinheiro para ver nada, que dirá *participar* de alguma coisa. Com receio de ficar enferrujada, eu tinha de usar o centro da minha sala/cozinha/quarto, ficar de pé e encarar o vão entre os prédios para praticar às três da manhã.

O que me lembra...

IIIIIII went to lose a jolly
Hour on the trolley
And lost my heart ins...

É sério? Vocês não querem *mesmo* ouvir isso? Ah, estão preocupados com os vizinhos do meu prédio em Nova York naquela época? Hmmm. Eu nunca os conheci, mas, pelo que me lembro, os que moravam em cima pareciam manter um hotel de gatos enquanto treinavam *Riverdance*. Mas tudo bem, ficamos no aguardo.

Os meses se passaram, e fui ficando cada vez mais preocupada. Uma coisa era sentir o ano sabático se esvaindo pelos meus dedos, mas algo pior começou a me ocorrer. E se um ano virasse dois, e dois anos se desdobrassem em "A pobre tia Melba não poderá vir para o Natal esse ano, Billy. Ela está trabalhando em dois turnos de novo"? Não tenho certeza de como meu nome passou a ser Melba nessa fantasia pessimista, mas, do jeito que as coisas estavam, tudo era possível!

Eu me sentia presa em uma armadilha. E burra. Obviamente eu não havia usado minha moeda da sorte no momento mais propício e, agora, não tinha vantagem alguma, nada que me diferenciasse de qualquer outro tolo com dificuldades na cidade. O que eu iria fazer? Jogar tudo para o alto e me mudar para uma casa-barco sem motor em uma marina em St. Thomas? Não estávamos mais em 1972, o ano para "se encontrar". Era 1989, e os cintos estavam mais finos!

Perdida, me inscrevi para participar do que chamavam de URTAs, um teste anual feito em Nova York por uma associação de programas de graduação em artes. Como esse consórcio era formado por escolas de diversas partes do país, elas mandavam seus representantes para Nova York uma vez por ano, a fim de recrutar atores. Como meu novo plano de vida em potencial, aquilo não fazia sentido. Eu ainda estava afundada em dívidas com a universidade, então pagar por uma graduação não era uma opção. Além disso, me mudar para qualquer outro lugar parecia insensato. Durante minha vida inteira sonhei que Nova York desse certo, e tinha conseguido chegar lá! Bom, pelo menos eu morava na cidade. Agora o quê... Iria me mudar para *Denver*? Parecia que eu estava me afastando do meu sonho, não me aproximando dele. E faltava apenas um mês para o meu contrato de aluguel terminar, então eu tinha de tomar algumas decisões. Ficaria ou iria embora?

Para participar do teste, tive de pedir licença do trabalho, luxo ao qual eu não podia me dar. Pediram para que eu preparasse um monólogo clássico, um contemporâneo e uma canção. Passei todas as horas livres que tinha na biblioteca de artes cênicas do Lincoln Center, ouvindo álbuns gravados pelo elenco de algumas peças e lendo roteiros. Eu não tinha orientador, professor ou ninguém com quem testar meu material. No fim, escolhi às cegas uma seleção curiosa: Linda, de *Savage in Limbo*, de John Patrick Shanley; Rosalind, de *As You Like It*, e "Somewhere That's Green" de *Little Shop of Horrors*. Eu não tinha lugar para ensaiar, nem tempo para me preparar. Ia dormir depois de 12 horas em pé recitando as falas na minha cabeça. O teste aconteceu em um teatro meio assustador na Times Square. Eu mal havia executado algumas partes em voz alta antes. O palco era enorme — eu nunca havia atuado em um espaço tão grande —, e minha voz parecia fraca. O público estava impassível.

Mas, de alguma forma, eu passei.

Na verdade, fui aceita em alguns lugares, mas a Southern Methodist University me ofereceu algo que eu nem sabia que existia: uma bolsa de estudos integral para a unidade Meadows School for the Arts. Quero dizer, quem em seu pleno juízo se ofereceria para pagar para que atores se tornassem atores? Bob Hope! Ele se ofereceu. Lá, existe um teatro com o nome dele e, no geral, é uma escola bastante rica. Mas eu nunca havia sonhado com algo tão surpreendente. Eu me senti aliviada por ter um novo caminho e fiquei satisfeita por ainda estar no certo. Eu não estava adiantada, mas pelo menos era normal! Cursando uma graduação ao mesmo tempo que pessoas normais!

Só que, quando cheguei lá, me dei conta de que *não* existia nada normal. Havia alunos por todo lado, das mais variadas idades e em diversos momentos de suas vidas e carreiras. Para mim, aquilo era chocante. Será que eles não sabiam que o tempo estava passando? Será que não estavam preocupados em pegar o primeiro tuk-tuk em Bangcoc?

Aparentemente não.

Também descobri que estar longe de Nova York, e em uma instituição mais tradicional, tinha seus méritos e suas comodidades. Eu morava em um complexo com vários apartamentos com carpetes novos, de parede a parede, e uma piscina. Consegui manter o foco em me tornar atriz sem precisar me preocupar com meus estudos ou com o básico para sobreviver na cidade... algo que não aconteceu no primeiro ano na NYU. Tive um professor incrível de interpretação chamado Cecil O'Neal. Fiz amigos maravilhosos. Rimos bastante, nos amamos e nos torturamos de um jeito que só uma companhia de atores muito próximos sabia fazer. Havia um cara em uma turma mais avançada que a nossa que apelidou a cabeça de todo mundo de acordo com o que ele lembrava quando olhava para cada um de nós. Alguns alunos da nossa turma eram chamados de "Cabeça de Abóbora", "Cabeça de Borracha de Lápis" e "Cabeça de Bola de Futebol Amassada", dentre outros. Fui apelidada de "Cabeça de Cabelo"; não consigo imaginar por quê.

Ainda acho que, em geral, ter um plano é, bem, um bom plano. Mas, quando o que eu tinha cuidadosamente arquitetado riu da minha cara, em vez de me agarrar a ele com todas as forças, apenas criei um novo plano, mesmo que ele não fizesse sentido de imediato. Ao escolher às cegas um caminho diferente, acabei encontrando algo que funcionou melhor. Então não deixe o seu plano rir por último, ria melhor quando ele rir da sua cara, e, quando isso acontecer, ria para ele, dê uma gargalhada!

As pessoas sempre perguntam como eu me tornei atriz. A boa e a má notícias são: não existe uma única forma. Pensar que eu tive algum tipo de vantagem na vida ou na minha carreira ao trocar minha moeda de tempo acumulado foi uma ilusão. Na vida, é claro, não há como avançar uma casa. Isso nem sempre funciona em *The Amazing Race*. Na metade das vezes, o time que está em primeiro lugar pega um voo mais cedo para uma nova cidade pensando estar na frente e, quando chega ao destino seguinte, descobre que não estará aberto pelas próximas duas horas. Então o outro time chega e fica tudo igual outra vez. Em *The Amazing Race*, isso pode significar perder um milhão de dólares. Mas, na vida, talvez isso seja... Bom? Porque, afinal de contas, quem quer lançar mão da chance de avançar uma casa? Você pode perder algumas das partes boas. Eu preferiria continuar apertando o botão de rebobinar do meu gravador da Radio Shack e ser aquela nerd que sabe a letra das canções de todos os musicais da Judy Garland.

Ah, é mesmo? Agora é uma boa hora? Ah, que bom! Aí vai...

Clang clang clang went the trolley...

Trabalho árduo

• • • • • • • • • • • • • •

Por algum motivo, a ideia que eu tinha do show business era muito conservadora quando comecei a atuar. Talvez tenha sido por causa de todas aquelas tardes que passei assistindo a *The 4:30 Movie* quando deveria estar fazendo meu dever de casa. (Desculpe, pai!) Na época, não existiam muitas maneiras de entender como era a vida de uma atriz na prática ou nem ao menos ter um vislumbre de como começar. Pré-*American Idol*, o que tínhamos de mais próximo a uma competição do show business era *Star Search*, mas a parcela de atores era estranhamente rígida e teatral, e nunca parecia muito autêntica. O mundo de periódicos relacionados a esse nicho também era diferente: não havia 15 revistas de fofoca como temos hoje, todas competindo para ser a primeira a contar onde J. Lo jantou na noite passada ou para revelar o nome do novo bichon frisé da Kate Hudson. O *National Enquirer* passou um tempo no mundo secreto das celebridades, mas focou também em bebês extraterrestres e no aparecimento do monstro do lago Ness. Não existia *Real Housewives* de lugar nenhum, nada de Twitter, Instagram ou Snapchat, onde pessoas poderiam atualizar você constantemente sobre cada um dos seus movimentos. As pessoas — mesmo as famosas — ainda não tinham começado a focar em suas "marcas", e só havia um único programa diário sobre Hollywood, o *Entertainment Tonight*, que era bem bobo na época e até meio monótono. As revistas ainda não iam atrás de cada detalhe do que acontecia nos bastidores. Ninguém fazia as perguntas importantes de hoje, como "De quem é essa celulite?".

The 4:30 Movie exibia, na maior parte das vezes, filmes antigos e tinha um tema semanal: semana do Elvis, faroeste, terror etc. Foi quando eu me apaixonei pelos musicais estrelados por Gene Kelly e Judy Garland e decidi que Katharine Hepburn era a minha atriz preferida de todos os tempos. Onde aprendi que o chamado mais alto de um ator era The Theatah e o objetivo supremo de um ator dramático era a BroadWAY, com ênfase no WAY. Minhas inspirações eram os filmes em preto e branco das décadas de trinta e quarenta, como *No teatro da vida*, no qual jovens esperançosas moravam juntas em uma casa que parecia uma república e dormiam com seus cabelos enrolados em bobes antigos que mais pareciam trapos, treinando passos de dança em sua cozinha minúscula usando calcinhas francesas de seda e sonhando com a BroadWAY. Eu adorava o linguajar delas e tentava incorporá-los à minha vida. "Fala aí, chapa, esse broto tem umas pernocas nervosas", eu costumava dizer. "Meus pés estão me matando... tem um trocado pra uma xícara de café?" Isso era em meados da década de oitenta, ninguém fazia ideia do que eu estava falando.

Estava determinada a chegar à BroadWAY, e aquilo significava que, de alguma forma, eu teria de me tornar um membro do Actor's Equity, o sindicato dos atores de teatro. O enigma do sindicato era: você não consegue uma carteirinha sem ter um emprego lá, e você não consegue um emprego lá se não estiver no sindicato. Meu plano, embora o caminho fosse longo, era obter horas suficientes como aprendiz do Equity para me tornar elegível, o que poderia levar anos. A única maneira mais rápida seria, sabe-se lá como, ser chamada para interpretar um papel do sindicato. Aparentemente, isso acontecia raramente, quando um papel requeria algo único que nenhum dos integrantes da companhia era capaz de fazer. Como toda jovem atriz, eu me lembro de ficar obcecada pela seção de "habilidades especiais" do meu currículo, apimentando essa parte com aptidões, mesmo aquelas que eram mais ou menos, caso alguma delas pudesse me dar sorte. Foram incluídas na época "habilidades" como dirigir (o que não aconteceu na cidade de Nova York), patinar (o musical *Starlight Express* era grande naquela época), falar dialetos (embora essa alegação fosse vaga e praticamente mentirosa, senti que poderia me fazer parecer sofisticada e shakespeariana) e imitar Rhonda Weiss (ela era uma das minhas personagens preferidas do programa da Gilda Radner, o *Live at Carnegie Hall*, uma fita VHS que eu via compulsivamente). Por que pensei que alguém ficaria mais impressionado com a *minha* Rhonda Weiss do que com a própria Gilda Radner é um mistério constrangedor para mim até hoje. Mas, naquela época, principalmente quando somado a dialetos e direção, pensei que aquilo poderia me fazer parecer excêntrica e uma artista completa. Provavelmente apesar daquelas habilidades — mais que por causa delas —, consegui uma vaga no programa de aprendizes do Equity no Barn Theater, em Augusta, Michigan.

O Barn era (e é) um teatro de verão bastante respeitado, que tinha uma companhia Equity local e, mesmo que ocasionalmente, atraía algumas estrelas de Hollywood. No saguão do teatro, havia fotos de rosto emolduradas de "Barnies" importantes: atores que foram outrora aprendizes de lá, assim como eu, e que se lançaram em coisas maiores. Não reconheci nenhum deles, mas fiquei impressionada do mesmo jeito. Estava além da minha esperança mais remota haver também, um dia, uma foto minha pendurada naquele saguão, fazendo com que vários espectadores se perguntassem "Quem é essa?". Que sonho tamanha obscuridade!

No primeiro dia no Barn, todos os aprendizes do Equity fizeram um teste, na presença dos diretores e membros da companhia, a fim de conseguir papéis específicos para o verão. O núcleo era formado por atores experientes, a maioria de Nova York, e que tinham sido contratados por toda a temporada. Muitos deles já haviam trabalhado no teatro e todos se conheciam. Eles me fizeram algumas perguntas, depois escolheram para mim uma peça de improviso: "Slap That Bass", um número de Gershwin do musical *Crazy For You*. Eu não conhecia a música, mas o objetivo era ver como nós nos saíamos com pouca preparação. O período de ensaio para cada apresentação era de apenas duas semanas, então era importante mostrar a eles o quão rápido nós aprendíamos as músicas e os passos de dança. Eu fiquei nervosa, mas não muito preocupada, já que no geral era boa de improviso.

Ou pelo menos eu achava que era.

Mesmo que só esperassem que eu lesse a música que estava impressa no suporte à minha frente, eu queria realmente interpretá-la, provar a eles que estavam diante não apenas de alguém que aprendia rápido e que era boa cantora mas que também era uma boa atriz. O meu papel para todo o verão dependia do meu desempenho naquele teste. O pianista tocou algumas notas e cantarolou a melodia para mim até que eu me senti pronta para tentar a música sozinha. Então respirei fundo e comecei a cantar.

Zoom zoom zoom zoom
The world is a mess
With politics and taxes
And people grinding axes
There's no happiness.

Olhando para o mar de rostos na plateia, imediatamente pude concluir que estava indo bem. Eu me senti relaxada, e minha voz soava forte. As pessoas sorriam e batiam os pés no ritmo.

Zoom zoom zoom zoom
Rhythm lead your ace
The future doesn't fret me
If I can only get me
Someone to slap that bass.

Vi uma das atrizes do Equity na plateia trocar um olhar com o diretor musical. Ela levou a mão à boca como se abafasse uma risada. Ele riu, bateu a mão no próprio joelho, e eu pensei "uau" — será que estão impressionados? Era quase como se eles nunca tivessem visto um aprendiz se sair tão bem no primeiro dia. Perguntei-me se eu teria alguma chance de conseguir minha carteirinha do Equity logo no primeiro verão. Fiquei sabendo que isso *nunca* aconteceu, mas e se...? As pessoas falariam disso por anos! Não só a minha foto estaria exposta no saguão, como eles também precisariam de uma placa explicando meu feito incrível! Diria APRENDIZ POR UM DIA, EM SEGUIDA DIRETO PARA A BROAD*WAY*. Uma onda de confiança tomou conta de mim, me empurrando direto para o refrão.

Slap that bass
Slap it till it's dizzy
Slap that bass
Keep the rhythm busy
Zoom zoom zoom
Misery, you've got to go!

Agora *todo mundo* estava rindo, e eu pensei: bom, isso é meio estranho, mas até agora ninguém mandou que eu parasse... e a plateia parece bastante satisfeita. O problema era que todos pareciam entretidos *demais*. Eu nunca vi "Slap That Bass" como uma música engraçada, mas será que eu estava errada? Então decidi embarcar na reação da plateia e meio que sacudi os ombros, dando ainda mais personalidade e entusiasmo à minha performance.

Slap that bass
Use it like a tonic
Slap that bass
Keep your philharmonic
Zoom zoom zoom
And the milk and honey'll flow!

Agora não havia dúvidas de que... todos estavam quase... histéricos? Uma das atrizes enxugava as lágrimas, pois estava chorado de tanto rir. Acho que sou naturalmente engraçada, pensei. Nunca tinha me dado conta que era tão engraçada assim. Esse certamente é o dia em que serei descoberta! Que se dane entrar para a companhia Equity... talvez eu não fique aqui nem por um verão! E se eles me mandarem direto para a BroadWAY? Eu me perguntei se teria de largar a Barnard e, caso contrário, como iria conciliar meus afazeres da escola e meu estrelato em tempo integral. Ruborizada com a animação do meu recém-descoberto destino, sorri para eles e fui para o meu grande final:

In which case
If you want a bauble
Slap that bass
Slap away your trouble
Learn to zoom zoom zoom
Slap that bass!

Com os braços esticados, sustentei a última nota o máximo que consegui. A plateia inteira aplaudiu, fiz uma reverência, e, então, todos se acabaram de tanto rir. Por um tempo, riam tanto que ninguém conseguia falar. Finalmente, o diretor musical balançou o braço acima da cabeça, sinalizando para que todos ficassem quietos.

— Lauren — disse ele gentilmente —, você tem uma boa voz.

Uma *boa* voz? Será que ele não quis dizer uma voz espetacular, transcendente, única e milagrosa que vinha dos Céus?

— Uma voz muito boa — continuou, e fez uma pausa. Notei que ele se esforçava para permanecer sério. — Mas não acho que Ira Gershwin escreveu essa música pensando num peixe.

Por um momento, eu me senti rodeada por uma névoa ou como se eu tivesse acabado de acordar de um sono profundo. Do que ele estava falando? Um peixe? Por que ele...

E, então, percebi.

Na minha pressa para demonstrar quão rápido eu era capaz de aprender a música, não parei para considerar *sobre* o que era a canção; no caso, alguém tocando alegremente o contrabaixo. Quero dizer, eu meio que sabia, mas, com todo o nervosismo, não pronunciei "*bass*" como o instrumento "baixo" em inglês — ou "*face*", "*place*", até mesmo "*ace*", uma palavra que *também estava na letra*. Pronunciei "*bass*" com o som de "*pass*", "*grass*" ou "*ass*", cujo significado também traduzia como eu me sentia: uma bundona. Levada pela adrenalina e pelo sonho de conseguir minha carteirinha do Equity, transformei uma música que falava sobre tocar um instrumento em uma canção sobre maltratar um peixe. Repetidamente, cantei, toda feliz, sobre bater na cabeça do pobre peixe. Dei a "slap a bass" um significado totalmente novo. Não é de se admirar que estivessem rindo tanto.

Na imagem mental que eu havia projetado, retirei o quadro com a minha foto do saguão do teatro. Minha placa sumiu nos bastidores. Minha carteirinha do Equity evaporou no brilho das ribaltas.

Mas, por fim, consegui me recuperar e entrar na rotina do repertório de verão. Os aprendizes trabalhavam com muito, muito afinco. Além de ensaiar durante a tarde, entre nossas atribuições estavam tudo e qualquer coisa que fosse necessária para manter o teatro funcionando, e isso incluía costurar figurino, montar cenários e limpar o chão. As manhãs eram dedicadas a tarefas como limpar os banheiros e pintar a cerca que rodeava a propriedade. Dei muita sorte ao conseguir um emprego muito cobiçado. Durante algumas semanas, trabalhei na bilheteria atendendo a pedidos de compra de ingressos por telefone. A bilheteria era um luxo comparada às atividades ao ar livre que fazíamos no calor de quase 38 graus. Tinha ar-condicionado e um fluxo constante de guloseimas trazidas — e feitas — pelos moradores da região que morriam de amores pelo teatro. Era para elas serem enviadas diretamente aos atores do Equity, mas quase nunca sobreviviam a quem quer que estivesse atendendo os telefones. Todo dia, no café da manhã, eu comia aqueles bolos e biscoitos roubados, uma salada chinesa de frango do McDonald's no almoço (eles ainda fazem isso? Era *tão* bom), e então vinha o "jantar" — ou o que quer que pudesse ser considerado "jantar" levando em conta o salário não existente de um aprendiz —, uma combinação de comida e bebida que eu amava mais que algumas refeições que degustei em restaurantes com estrelas Michelin. Já, já digo o que era, mas já vou avisando: agradará apenas aqueles com paladar mais apurado.

Depois das apresentações no palco principal, íamos a uma espécie de bar que havia ao lado do teatro chamado Shed, onde os aprendizes interpretavam músicas de cabaré e faziam sátiras para qualquer um que não estivesse pronto para dar a noite por encerrada. No palco principal, éramos integrantes do coro, figurantes, no máximo, mas, na apresentação que acontecia logo depois, no Shed, éramos as estrelas. Eu particularmente deixei alguns espectadores impressionados ao cantar e, ao mesmo tempo, tocar o violão que havia trazido de casa, com minha grandeza limitada apenas pelos meus sonhos e pelo fato de que eu sabia tocar apenas três acordes. Mas isso é tudo de que você precisa para "Leaving on a Jet Plane", meus amigos! No Shed, as "estrelas" também serviam, então o depósito nos fundos funcionava como bastidores e vestiário. Era um amontoado caótico de peças de figurino, suprimentos de bar e itens pessoais. O depósito também era o lugar onde armazenavam os Snak-Ens, um mix maldito de deliciosos e temperados biscoitos salgados e pretzels — e tenho certeza de que essa maldição foi inventada pelo covarde do Gardetto's só para tentar arruinar minha carreira, mesmo que na época eu não tivesse uma. Não tínhamos permissão para nos deliciar com os Snak-Ens, que eram guardados no depósito em caixotes gigantes do tamanho de uma caçamba de lixo — eles eram apenas para os CLIENTES PAGANTES. Os donos do teatro eram MUITO severos em relação a isso. Então aqui estou eu para dizer a você e a qualquer empregador antigo (ou a qualquer fiscal sanitário) que possa estar lendo isso que nós COM CERTEZA NUNCA colocamos nossas mãos imundas dentro daqueles caixotes gigantes VÁRIAS VEZES, todas as noites, até passarmos mal e ficarmos inchados de tanto sal. Como OUSAM insinuar uma coisa dessas? Naquele verão, também descobri a primeira bebida alcoólica da qual gostei de verdade, um drinque que estava na moda na época e que ainda é considerado um sinal de inteligência e sofisticação. Estou falando, é claro, do Fuzzy Navel. Essa clássica combinação cheia de nutrientes de Snak-Ens e Fuzzy Navels foi meu jantar por dois meses seguidos.

Na metade do verão, surgiu uma oportunidade incrível. Um dos aprendizes ganharia um papel no Equity. Como era um papel menor, não compensaria financeiramente trazer um ator lá de Nova York. Era mais barato dar a um dos aprendizes uma carteirinha e pagar o cachê do Equity por uma temporada de duas semanas. Aquele era exatamente o cenário que eu havia imaginado, a chance tão esperada! Havia muita euforia e discussão entre os aprendizes em torno do papel e também do que seria exigido de nós. A peça era uma farsa, uma comédia sobre dois maridos infiéis e suas esposas enganadas, e o papel era o da empregada francesa com a qual um dos maridos tinha um caso. Quando a empregada e o marido em questão são flagrados na cama, ela se levanta assustada e, enquanto olha para o alto, balbuciando palavras em francês, o lençol que a cobria cai, expondo sua bunda nua para o público.

Havia um rumor de que o diretor faria o teste com apenas algumas meninas, e nos perguntávamos, nervosas, quem seriam as escolhidas. No dia seguinte, uma pequena lista foi divulgada, e meu nome estava lá. Fiquei animada e lisonjeada. Em seguida, descobrimos que o teste inteiro se resumiria em ir à sala do diretor e mostrar nossas bundas peladas para ele. Eu não sabia exatamente como aquilo seria (entraríamos de costas?) e achei um pouco estranho o fato de não nos pedirem para ler nem um pedacinho da cena em questão, mas, ainda assim, estava animada e lisonjeada. Era o tipo de coisa que atrizes profissionais faziam o tempo todo. Minha carteirinha do Equity estava a apenas uma bunda de mim!

As Bundas Escolhidas se tornaram imediatamente um grupinho. Tentamos ao máximo ser profissionais e não parecer animadas demais, mas era claro que estávamos unidas por conta das nossas bundas maravilhosas, quero dizer, da nossa habilidade para atuar. Não queríamos que aquelas de bundas inferiores se sentissem excluídas, mas sorríamos discretamente umas para as outras nos corredores, satisfeitas por termos sido escolhidas por conta dos nossos bumbuns em forma, quero dizer, talento. Éramos as "amigas de bunda"!

O dia do teste chegou. Pediram a nós que nos despíssemos da cintura para baixo. Quando estávamos prontas, duas garotas segurando um lençol caminharam suavemente à nossa frente. Nós demos mais alguns passos para acompanhá-las e nos viramos, então as meninas baixaram o lençol por um breve instante para que o diretor nos avaliasse e, em seguida, levantaram-no, e todas saímos juntas. Durante a entrada e a saída, ele fez um comentário aqui e outro ali, com a esposa sentada ao lado dele, a fim de garantir que ficássemos confortáveis. Todos foram bastante respeitosos. Aquilo tudo terminou tão rápido que mal tive tempo para registrar qualquer sentimento. Saí sorrindo, acenando para as minhas AB's que aguardavam para entrar, me vesti e fui para um local isolado atrás do teatro, onde comecei a chorar.

Não houve nada de errado com o jeito que as pessoas agiram naquele dia. O processo da audição foi executado de forma atenciosa. A peça era boba, cheia de insinuações sexuais, e o roteiro pedia nudez.

Eu só não gostei daquilo.

O teste fez com que eu me sentisse vulnerável e mal comigo mesma. Ainda por cima, estava constrangida por não ter pensado naquilo como um todo. Queria desesperadamente uma carteirinha do Equity. Não me perguntei em momento algum o que eu estaria confortável em fazer para consegui-la. Na arte, o pintor apresenta sua tela. Quando se trata de atuação, a tela é você. Ao longo dos anos, aprendi a manter certa distância de mim mesma em algumas situações — já me despi por completo algumas vezes na frente de um estranho para tirar medidas, por exemplo. Como atores, somos cutucados e espetados por outros artistas cujas contribuições são vitais para apresentar a tela da melhor forma: cabelo, maquiagem, luz, cenário. A tela recebe falas para recitar, roupas de alguém para usar. Ao atuar, é preciso ter uma objetividade que permita, às vezes, virar-se para outra pessoa e deixar que ela faça a pintura. Mas aquela foi minha primeira experiência prestando mais atenção na parte da tela do que em mim mesma, e então me dei conta de que ambos os lados precisavam estar alinhados. Pensei que seria maduro e profissional fazer qualquer coisa que me pedissem para ganhar o papel. Aprendi um pouco tarde demais naquele dia que, talvez, as coisas fossem um pouco mais complexas.

A garota que ganhou o papel era uma aprendiz do segundo ou terceiro ano, uma grande comediante com ótima aparência. Ela não tinha problema algum em ficar seminua durante os ensaios e parecia realmente gostar de fazer a peça toda noite. Costumam dizer que existe uma tampa para cada panela e, definitivamente, há um ator para cada papel (ou mais). A verdade era que, mesmo se eu tivesse ganhado o papel, aquilo não seria para mim. Atualmente, leio com frequência roteiros com os quais não me conecto e aprendi a não me preocupar muito com isso. Se não me identifico com uma história — mesmo que ela seja realmente boa, ou mesmo que eu queira estar nela —, só tenho de aceitar que eu provavelmente não era tão convincente no papel quanto outra pessoa poderia ser. E foi assim que abrir mão de um personagem se tornou algo razoavelmente fácil.

Wynn Handman, um dos meus incríveis professores de interpretação, sempre falou da importância de ter um *feeling* para o material. Ele repudiava a ideia de que todo ator deveria ser capaz de encarar qualquer papel. "Charlie Chaplin fez apenas uma coisa", dizia ele. "Só que ele fez melhor que todo mundo." Mais tarde, eu aprenderia a não me sentir tão mal ao me dar conta de que determinado papel não era para mim. Mas, quando eu era mais nova e contava apenas com peças do ensino médio e da faculdade no currículo, não achava que tinha o direito de ser exigente ou de ter muita opinião sobre o que queria fazer. Naquela época, eu tinha apenas uma vaga impressão de que meus instintos deveriam ser respeitados.

Eu levaria muitos anos para aprender a melhor forma de responder àqueles instintos. Mas, quando, no início da minha carreira, fui questionada outras vezes sobre nudez, a resposta sempre foi um fácil e claro não. Não há nada de errado com nudez, ela é inclusive parte vital para alguns tipos de narrativa; só não é para mim.

No meu segundo verão no Barn, ganhei um papel do Equity sem nem mesmo fazer um teste. Fui *escolhida*. Aquilo foi uma verdadeira honra, algo grandioso entre os aprendizes e aconteceu bem mais cedo do que eu imaginava. Meus sonhos com a placa e com uma foto minha emoldurada tinham voltado! A personagem se chamava Marjorie Baverstock e a peça, *The Musical Comedy Murders of 1940*. Anos quarenta! A década para a qual todo o tempo que passei vendo TV depois da escola havia me preparado! Tinha sido escrita para mim. Era uma aristocrata mais velha, no início dos seus 50 anos, que diversos jovens aspirantes do teatro tentavam impressionar, então ela acaba dando dinheiro a eles para produzirem uma peça. O fato de eu ser dez anos mais nova que os atores que interpretavam os "jovens" aspirantes não representava problema algum! Eu estava no The Theatah e era uma *atriz*, pronta para qualquer desafio! Eu simplesmente recorreria aos meus anos de experiência no ensino médio usando maquiagem para envelhecer, porque todos concordam que base branca para simular rugas parecia bastante convincente.

Minha personagem aparece sentada em uma cadeira quase no fim do primeiro ato enquanto os jovens aspirantes continuam tentando impressioná-la com números musicais frenéticos e ambiciosos. O que eles não sabem, mas que o público vê, é que, durante um dos números, Marjorie é esfaqueada através das costas da cadeira (hahaha?) por um vilão misterioso. Então os artistas acham que ela não demonstra nenhuma reação por não estar impressionada, mas, na verdade, ela não diz nada porque não está viva. A plateia se acaba de rir (supostamente). O truque de toda essa comédia é que Marjorie, embora morta, mantém os olhos abertos. É por isso que os jovens continuam cantando e dançando por tanto tempo. Hilário!

Havia apenas um problema. Bom, na verdade, havia pelo menos três problemas: minha personagem era uma mulher 35 anos mais velha que eu; aparentemente eu não tinha aprendido nada com a dieta de Snak-Ens no ano anterior; e descobri, tarde demais nos ensaios, que dentre minhas habilidades especiais *não* estava conseguir manter os olhos abertos pelo tempo necessário. Não tenho ideia de como o integrante do elenco original fez aquilo. Depois de vinte segundos, meus olhos começavam a lacrimejar e, depois de uns 45 segundos, não importava o quanto tentasse evitar, eu tinha de piscar. Acho que todos estamos de acordo com o fato de que, no geral, pessoas mortas não piscam muito. A plateia deveria rir do frenesi que tomava os jovens aspirantes durante o teste, mas, na noite da estreia, as maiores gargalhadas foram provocadas pela minha Marjorie supostamente morta tendo problemas com lentes de contato ressecadas.

A primeira crítica profissional que recebi, da *Kalamazoo Gazette*, dizia que, enquanto minha personagem morria no fim do primeiro ato, eles desejaram — para o meu próprio bem — que eu morresse antes. (HAHAHAHAHA... mais lágrimas atrás do teatro.) "Olhe por esse lado", disse o diretor depois, "suas críticas só podem melhorar a partir daqui."

Mas eu jamais teria como saber, porque, a partir daquele dia, não li mais uma crítica sequer sobre mim. Também nunca joguei meu nome no Google. O que de bom pode vir disso? Ao longo dos anos, aprendi que, quando alguém fala alguma coisa muito boa sobre você, seja na imprensa ou por qualquer outro meio, aquilo de alguma forma chegará ao seu conhecimento. Amigos e agentes ficam loucos para contar quando alguém faz uma crítica positiva sobre você. Quando os jornais comentam algo não tão legal, seus amigos (e agentes) dão aquele olhar evasivo ou não dizem nada, e isso já diz tudo para mim. De que outros detalhes eu provavelmente preciso... "Eu queria que ela morresse antes"?

No ensino médio, Brian Nelson, meu professor de interpretação, dizia que havia apenas dois tipos importantes de opinião no teatro: se alguém disser que gostou do que você fez ou que não conseguiu ouvir você direito. Para um ator, "falar alto" é uma crítica bastante construtiva. O resto é só opinião pessoal. (Embora a única coisa que eu acrescentasse seria "pronunciar as palavras corretamente". E tentar entender a diferença entre um instrumento de cordas e um peixe.)

Anos mais tarde, eu finalmente cheguei à BroadWAY, e foi tão emocionante e divertido quanto imaginei que seria... quase que literalmente um sonho que virou realidade. Meu nome estava no cartaz, e descobri que, com aquilo, vinham muita pressão e responsabilidade. E mesmo que eu me sentisse honrada por interpretar Miss Adelaide na nova montagem de *Guys and Dolls* e adorasse fazer parte daquela companhia incrível, parte de mim ansiava por dias mais simples, quando era muito emocionante apenas estar no coro de *Oklahoma!* e *Brigadoon*, quando o mais longe que minha imaginação poderia ir — o maior sucesso que ousei desejar, o mais perto que pensei que pudesse chegar do sonho de me tornar alguém como os meus ídolos do *The 4:30 Movie* — era ter uma foto minha pendurada no saguão de um pequeno teatro em Augusta, Michigan.

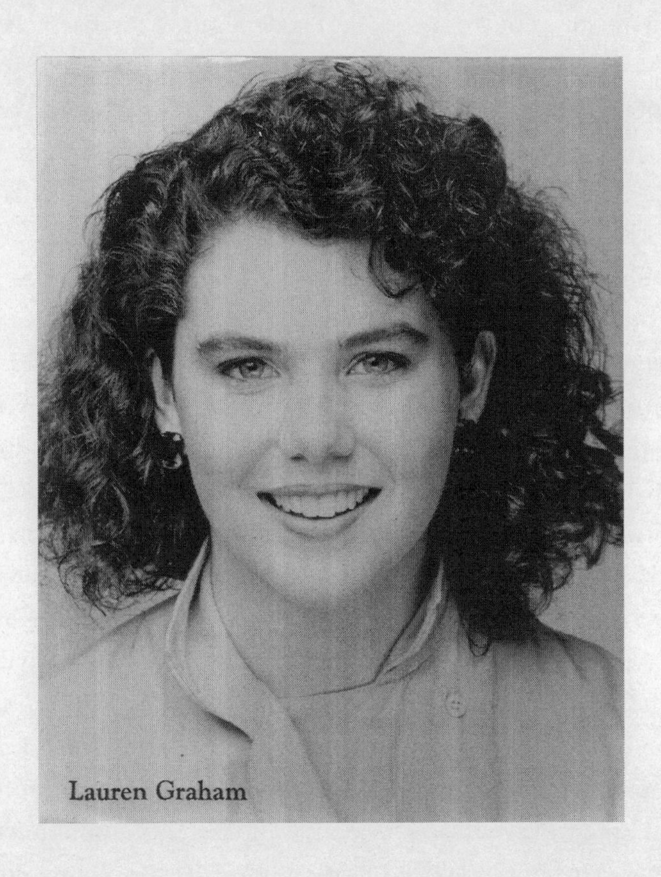

Não dá para ser vegana só para a Ellen

•••••••••••••

Fico preocupada com este capítulo, porque tenho certeza de que será o único sobre o qual irão me perguntar quando estiver promovendo este livro no programa *Today* (Oi, Matt!). Não importa o que as pessoas públicas conquistaram, aparentemente só queremos saber o que elas comem no café da manhã e qual a rotina de beleza delas. A seguir: Ruth Bader Ginsburg sobre como ser uma juíza da Suprema Corte e como ela consegue lidar com um dia de cabelo rebelde! Você aí em casa pode ser o *juiz*! No próximo bloco, a presidente Hillary Clinton (escrevi isso em março, então é só um palpite) fala dos seus melhores momentos no Estado da União e conta o segredo para perder peso para o tapete vermelho!

Queria que todos parássemos de nos importar tanto com isso, mas provavelmente sei que é algo que não vai acontecer. Então, em vez de dizer a você que não se preocupe com isso, vou além, contarei alguns Segredos Ultrassecretos de Hollywood e assim economizamos um bom dinheiro seu!

Aqui vai um: livros de dieta não valem nada. Não gaste mais um centavo com eles. Nada mais. É sério. Todos são uma versão da mesmíssima coisa: coma menos, se exercite mais.

Agora, eu não sou médica, e provavelmente nunca interpretarei uma na TV, porque... você consegue imaginar isso? Durante as gravações da série original, as leituras de *Gilmore Girls* eram feitas na mesma sala de conferências onde ocorriam as reuniões de *Cold Case*, e às vezes eu pegava um dos roteiros da série e tentava ler as falas em voz alta com uma cara séria — sem zombar delas, tentando mesmo soar convincente. Qualquer um que estivesse na sala se jogaria no chão segurando a barriga de tanto rir. Os diálogos não eram ruins; eu era ruim.

O problema é que sou fisicamente incapaz de soar tão convincente quanto uma pessoa que faz o estilo policial ou parece realmente ser um detetive particular. Na verdade, tenho lá minhas dúvidas se o personagem de *Cold Case* era uma dessas duas coisas, porque, na vida real, esses empregos obviamente são distintos, desafiadores e incrivelmente impressionantes, mas, na TV, acho que acabam se misturando, e tudo o que escuto é "Sou extremamente franco e competente". Como atriz, assim como pessoa, não acho que eu exale competência. Faço mais o tipo "Estou meio que improvisando aqui, mas não é engraçado?". O que você provavelmente não iria querer da pessoa que está dirigindo uma ambulância. Ou de um médico. Ou do Dexter.

Falando em médicos de mentira, minha irmã trabalhou para uma agente literária por um tempo, e foi assim que descobri algo interessante: os primeiros rascunhos dos roteiros de seriados médicos ainda não têm todos os jargões técnicos. Os roteiristas de séries do gênero provavelmente têm algum um tipo de conhecimento geral sobre medicina, porém contam com especialistas cujo forte é fazer com que os diálogos sejam fiéis à realidade. O roteirista e o expert não trabalham necessariamente juntos todos os dias, então talvez um primeiro roteiro tenha as partes mais importantes da história e as principais características dos personagens pelos quais o roteirista é responsável, mas, em vez de jargões médicos, tem alguns espaços a serem preenchidos. No caso da série médica sobre a qual minha irmã me falou, as palavras eram, convenientemente, "medicina, medicina". Como em "Sim, Dr. Jones, eu adoraria encontrá-lo na sala de materiais médico-hospitalares, mas primeiro tenho que administrar 40 mililitros de medicina medicina para o medicina medicina do meu paciente senão ele entre em medicina medicina, e então *realmente* teremos um problema".

"Medicina, medicina" imediatamente se tornou um tipo de "blá-blá-blá" para mim e minha irmã Shade. Originalmente era para ser uma palavra para preencher o espaço onde depois entraria um termo técnico, mas logo se tornou um substituto geral para nós. Poderia significar qualquer coisa, desde "Você sabe sobre o que estou falando" até "Droga, por que essa bolsa é tão cara?". Se minha irmã estivesse no trabalho e tivesse pouco tempo para me contar sobre um encontro com um cara, ela diria "Ele falou sobre ele mesmo a noite inteira, e os sapatos dele eram estranhos, medicina, medicina", e eu saberia exatamente o que ela estava querendo dizer com aquilo.

Então não sou nem ao menos uma boa médica *de mentira*. Fico mais confortável falando "medicina, medicina" do que cuspindo qualquer jargão técnico que exista e, portanto, meu conselho sobre saúde é: não coma só um monte de porcarias, faça caminhadas, obrigada por comprar este livro, fim.

Mas, Lauren, você mora em Hollywood, onde as pessoas mais atraentes e aparentemente saudáveis do mundo vivem! Será que não pode nos contar um pouquinho mais do que isso?

Ah, tudo bem! Aqui vão mais alguns dos Segredos Ultrassecretos de Hollywood que descobri depois de anos conversando com os melhores nutricionistas, personal trainers, praticantes de medicina ocidental e oriental e magrelos famosos. Cada conselho que está aqui foi de fato dado a mim por uma pessoa chique, ou por alguém que conhece uma pessoa chique e os métodos usados pela mesma para permanecer assim.

Ao longo dos anos, ouvi muitas vezes que carne é uma proteína importante; carne é ruim; a melhor forma de perder peso é ter uma dieta rica em proteínas; o melhor jeito de emagrecer é se valer de uma dieta vegana; beber sucos faz bem; sucos detox são descabidos; uma pessoa com o meu tipo sanguíneo deveria comer apenas cordeiro, carneiro, peru e coelho, e evitar frango, carne bovina, presunto e porco; bacon é tolerável; bacon faz mal para você; consumir gordura ajuda na perda de peso; todos os tipos de gorduras devem ser evitados ou ingeridos em poucas quantidades; iogurte ajuda na digestão; iogurte não tem impacto algum na digestão; o cálcio encontrado em laticínios faz bem; laticínios fazem mal; glúten não é problema para quem não sofre de doença celíaca; todo mundo deveria parar de ingerir glúten; couve é um alimento poderoso; excesso de couve pode gerar problema na tireoide e fazer com que você *ganhe* peso; e usar pasta de dente não natural pode causar inchaço e ganho de mais de dois quilos. Comer apenas frutas e vegetais? É claro, parece um bom plano, contanto que você não seja sensível a certos tipos de alimentos (beringela, tomate, pimentão), como algumas pessoas. Você provavelmente ficaria bem se não comesse nada além de espinafre o dia todo, a não ser que seja o espinafre que fez parte da recente volta da Salmonella. Frutas são boas, mas algumas, como banana, são tão ricas em açúcar natural que seria como se estivesse comendo uma fatia de bolo. Como assim? Você ainda consome açúcar refinado, aquele que usamos *em* bolos? AIMEUDEUS, como ainda está vivo? Será que não seria melhor chamar uma ambulância? Se você, de fato, acabar no hospital, lembre-se de que não deve comer toranjas antes de tomar remédio, pois elas cortam o efeito da medicação. Então desfrute de sua nova dieta de frutas e água — a não ser que você seja alérgico a morango, já que muitas pessoas são! E não se esqueça também de ficar muito, muito, muito atento em relação aos alimentos geneticamente modificados! E não beba *qualquer* água também: a da torneira, obviamente, é um veneno, mas fique atento ao Bisfenol A contido nas garrafinhas. Além disso, tente comprar o tipo que melhor se adéque aos seus níveis desequilibrados de pH, porque, talvez você ainda não saiba, mas a maioria de nós é ácida demais e alcalina de menos! Bem, aqui está! Faz sentido? Afinal de contas, acabei de revelar o segredo para tudo. O que você deve fazer agora está óbvio. Dá para ser mais claro que isso? De nada!

O que foi, hein? Jennifer E. Smith, minha editora, acabou de me informar que o meu livro está atrasado. Espere, não, não pode ser, porque você está lendo uma página dele agora! Fiquei confusa, uma vez que ela me liga para falar sobre isso quase o tempo todo. Ah... é outra coisa! Ela acha que a lista que acabei de fazer pode ser um tanto confusa para os leitores. Hmmm, *seeeei*, Jen. Minhas senhoras e meus senhores são muito espertos, e tenho certeza de que não está nada confuso para eles, mas tudo bem. Por via das dúvidas, coloco agora aqui a tabela de comida/dieta mais fácil de ler, distribuída apenas em Hollywood. NÃO CONTE A NINGUÉM QUE DEI ISSO A VOCÊ!

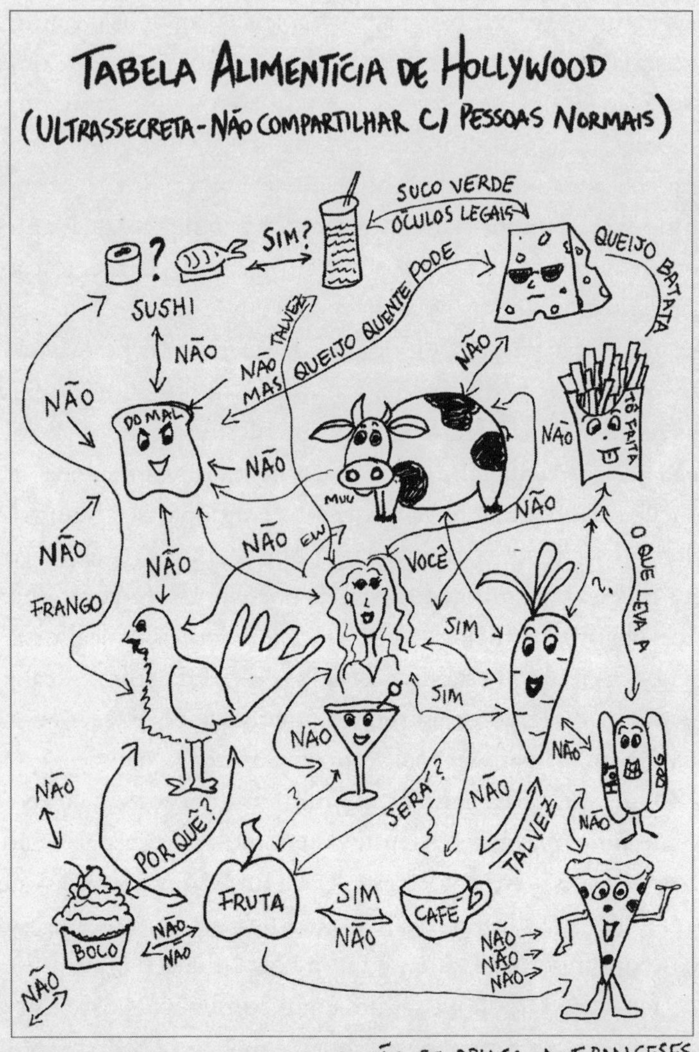

* NÃO SE APLICA A FRANCESES

Uau! Não acredito que você conseguiu fazer com que eu divulgasse a tabela alimentícia ultrassecreta de Hollywood! Isso vai dar muito problema para mim!

Agora vamos aos exercícios. Você pode não acreditar nisso, mas algumas pessoas normais entram em forma fazendo coisas que estão aqui! Fiquei sabendo que pessoas que não são de Hollywood correm ou caminham ao ar livre ou em uma esteira, frequentam a academia e praticam ioga. Bom, nós em Hollywood também fazemos isso tudo. Mas, aqui, testes clínicos demonstraram que você queima mais calorias se correr enquanto estiver sendo fotografado por paparazzi. Além disso, foi provado que aulas de spinning são mais eficazes se você pedalar sendo motivado (leia: escutar seu nome aos berros) por alguém dez anos mais novo e dez vezes mais atraente. Ioga deve ser praticada em um estúdio onde a temperatura mínima seja de 210 graus. Ah, e você deve começar a pensar agora na roupa que vai usar na aula que terá daqui a três dias. Como ser humano, você não vale nada se não usar peças para malhar que estejam na moda. Essas são as únicas diferenças básicas entre você e Hollywood.

Também aprendi que não é suficiente apenas malhar direitinho de três a cinco vezes por semana, porque o seu corpo é mais inteligente que você e rapidamente se adapta a qualquer atividade física que realizar várias vezes seguidas, fazendo com que o seu esforço seja praticamente inútil. Para lutar contra isso, você deve alterar constantemente sua rotina já puxada a fim de "enganar" o seu corpo e fazer com que ele fique tentando adivinhar o que vem em seguida. Isso é esquisito, eu sei. Na verdade, hoje de manhã, enquanto ia de carro para a aula de spinning, pensei no quão estranho era esse conceito, e passou pela minha cabeça BWAHAHAHAHA. Bobo é VOCÊ, Corpo, porque eu estava te levando para o PILATES, haha! Viu o que eu fiz?

Um curandeiro japonês uma vez me disse que o fato de eu não respirar direito fazia com que a maior parte dos exercícios que eu praticava não fosse nem mesmo registrada pelo meu corpo. Algumas pessoas têm um corpo que simplesmente não desiste. Mas, no meu caso, estou presa a um que se recusa a ouvir. Hollywood me ensinou que você nunca deve relaxar com relação ao corpo... porque senão já viu! Você deve estar pelo menos um passo à frente dele o tempo todo.

Isso não faz sentido, você pode dizer. *Como você vai conseguir fazer isso?* Pessoal, está tudo na tabela. Sério, por favor!

Mas todos vocês têm personal trainers que dão tudo mastigadinho! Não é justo!

Quando posso, malho com a Michelle Lovitt, uma pessoa incrível e também uma excelente treinadora e amiga. Ela é animada, inteligente e, além de tudo, uma gata. Com a Michelle, aprendi coisas úteis: você precisa ser firme, e ajuda muito se usar um monitor de batimentos cardíacos para registrar a queima de calorias e se certificar de que está na zona de perda calórica. É claro, é de grande ajuda também praticar exercícios com alguém que sabe das coisas. Mas, como outra treinadora que conheço diz, "Não é como uma máquina de lavar — não dá para você fazer tudo o que quer durante o tempo livre e querer pegar suas roupas uma hora depois com aparência de novas". *Você* é a roupa nesse cenário... isso faz sentido? Será que é preciso mais uma tabela?

Acho que parte de nossa frustração/fascínio nessa área se dá em razão de termos a eterna esperança de que existe uma combinação secreta de elementos que irá fazer com que algo difícil fique um pouco mais fácil: "Comecei a colocar bolinhas de manteiga produzida a partir do leite de vacas criadas em pasto no meu café, e os quilos simplesmente se dissolveram!" Sinto muito mas preciso dizer que, na minha experiência, não há segredo para conquistar quase nenhum objetivo que valha a pena.

E qual *é* o objetivo exatamente? Chegar às saudações da Smucker's no programa *Today*? (Oi, Natalie!) Minha avó vai fazer 96 anos em um mês, e não me lembro de ter visto nada com o rótulo de "orgânico" na geladeira dela. Ela é uma mulher de profunda fé e inteligência... Será que devemos tentar engarrafar essas coisas? (Alguém ligue para o *Shark Tank — Negociando com tubarões*!)

Sei que é frustrante, mas não se desespere. Tenho mais alguns Segredos Ultrassecretos de Hollywood para você.

1. Se estiver tentando perder peso, vai se sentir faminto durante a maior parte do dia, razoavelmente mal-humorado e deixará seus amigos irritados — ou talvez eles deixem você irritado; é difícil saber, porque a fome é tanta —, e será assim todos os dias até começar a notar algum resultado, mais ou menos duas semanas depois de começar.
2. A vez que perdi mais peso foi quando terminei um relacionamento — a separação foi horrível — e depois quando estava ensaiando para uma peça na Broadway. Tente fazer com que essas coisas aconteçam ao mesmo tempo, e você ficará um espetáculo!
3. A maioria das dietas bem-sucedidas envolvem o consumo de alimentos saudáveis em pequenas quantidades,

com pouquíssimos carboidratos, quase nada de açúcar, muito pouco álcool e uma tonelada de atividades físicas. Essa combinação é descrita em quase todo livro de dieta que existe por aí. Você pode combinar alimentos, contar pontos ou agir como se fosse francês, grego, espanhol ou a Beyoncé. Toda dieta tem uma coisinha diferente, li cada uma delas e posso garantir que todas têm essas recomendações em comum.

4. Calças boca de sino vão entrar e sair de moda ao longo dos anos *pelo resto da sua vida*. Isso sai um pouco do assunto... Mas é só mais uma coisa que fico guardando para falar. Vão inventar uma pequena mudança para fazer você pensar que precisa de uma nova. Não precisa, não. Guarde as que você já tem.

Artistas famosos podem ou não ser como nós, mas no geral aprendi que é um erro pensar que existe alguém que sabe a resposta para praticamente qualquer coisa. Quando escuto que a Kim Kardashian perdeu o peso que ganhou durante a gravidez com a Dieta Atkins, começo a comer carne por três dias seguidos até que lembro que, ah, sim, já tentei isso antes e não me senti muito bem. Você tem de encontrar aquilo que funciona para o seu organismo, e não o que dá certo para outra pessoa. Tentei ser vegana até perceber que parte da minha motivação era que eu queria ir ao programa da Ellen e ter um vínculo com ela por conta disso. Eu a respeito e a adoro demais, e ela sempre foi muito solidária comigo como atriz, escritora e produtora. Foi ela quem me deu a oportunidade de transformar meu livro *Quem sabe um dia* em um piloto para o canal CW e depois escrever outro piloto de meia hora para a companhia dela. Ela me deu oportunidades que eu nunca havia tido antes, e era como se eu quisesse retribuir sendo um pouco como ela, o que, se você parar para pensar, também é a premissa do filme *Mulher solteira procura*. É legal reverenciar alguém que admiramos, mas não podemos tomar decisões que afetarão nossas vidas motivadas pela esperança de que Ellen e Portia vão nos convidar para comer lentilhas e ver *Scandal* na casa delas.

De qualquer forma, se estiver realmente de saco cheio de tudo isso e meio confuso, boa notícia! Para você, temos Soylent, um composto que substitui refeições e tem cor de lama, inventado por pessoas do Vale do Silício e que permite a elas que reduzam o tempo irritante que levam para comer (almoço, *pff*... que desperdício de capacidade cerebral!) e possam devotá-lo à criação de novos apps para troca de rosto. Refeições incluindo *comida*? Quem é você? Alguém da Costa Leste que gosta de perder tempo?

Toda manhã, meu pai toma um *smoothie* gigante, come metade de um pão de forma com manteiga e acho que uma omelete com queijo e, então, toma café da manhã. Eu só quero uma torradinha de vez em quando... Será que isso é tão errado assim?

Além disso, acho que deveria ser contra a lei se sentir mal com você mesmo por qualquer problema que a Oprah ainda esteja tentando resolver, e A OPRAH AINDA ESTÁ TENTANDO RESOLVÊ-LO. Ela conhece chefes de Estado e todas as celebridades do universo, abriu uma escola na África, entre outros feitos, ganhou milhões de dólares e ajudou um monte de pessoas a ter uma vida melhor, mas, conforme ela mesma admite, ainda está trabalhando em questões relacionadas à dieta. Então, resumindo: vamos todos ficar frios com isso e passar mais tempo sendo mais gentis com nós mesmos e fazendo coisas realmente úteis, como tentar ressuscitar expressões que nunca foram legais como *ficar frio*.

Boa notícia! Minha contadora acabou de me informar que, ao dividir todos esses Segredos Ultrassecretos de Hollywood, consegui fazer com que você economizasse pelo menos um zilhão de dólares americanos! Apenas certifique-se de mencionar o meu nome quando falar sobre isso no *Today* (Oi, Kathie Lee e Hoda!).

Só há uma única Betty White ou: papel toalha, uma história de amor

Não sei se algum dia vamos viver em um mundo no qual garotos de 16 anos jogarão fora seus PlayStations porque descobriram que preferem ir ao cinema e assistir a *O exótico Hotel Marigold 12*, mas acho que não vou viver para ver isso. A maioria dos filmes é feita para pessoas que querem assistir a *Jurassic World* várias vezes. Hollywood é basicamente feita para os jovens, e os jovens quase sempre querem ver pessoas da sua idade, porque é com elas que eles se identificam. Quem banca para produzir filmes e conteúdo para a TV faz isso principalmente para eles também. Na televisão, os "jovens" têm entre 18 e 49 anos. Você já deve ter ouvido falar dessas pessoas... às vezes são chamadas de público desejado. São elas cuja atenção os anunciantes mais desejam captar na televisão e nos filmes, e vou dizer por quê: papel toalha.

Recentemente estive na casa de uma amiga que tinha acabado de fazer uma daquelas excursões à Costco, onde você se sente muito satisfeito com todo o dinheiro que economizou até voltar para casa e não conseguir guardar o pote de 9 quilos de manteiga de amendoim genérica em nenhum dos armários da cozinha, porque se esqueceu dos dez potes gigantes que já tinha. Então ela estava tentando se livrar de algumas coisas e me ofereceu um daqueles pacotes com 12 rolos de papel toalha, que também pode ser usado como colchão de ar, caso receba um hóspede em casa, e fiquei louca para me apossar daquilo. Eu realmente precisava de papel toalha e estava, tipo, uau, que coincidência incrível. Então olhei mais atentamente para eles e vi que não eram da marca que *eu* usava.

Sempre me sinto culpada quando uso papel toalha, mas quando encontro aquele tipo que é meio picotado em intervalos mais estreitos e pode ser rasgado em pedaços menores, fico um pouco melhor porque, assim, pelo menos, não estou usando uma folha inteira. Então não aceitei aqueles rolos gratuitos, o que, segundo minha amiga, era loucura, e foi assim que de repente me dei conta de que eu não fazia parte do público desejado.

De alguma forma, entendo por que nosso ramo de negócios gosta dos jovens. Os anunciantes querem pessoas que possam converter, que ainda não se decidiram sobre coisas como seu papel toalha preferido ou que tipo de carro gostariam de dirigir... Pessoas que possam mudar de ideia e passar a consumir uma marca diferente, influenciadas pelos anúncios que veem. Mas, à medida que os consumidores envelhecem, decidem o que gostam de usar e dificilmente se desviam disso, o que significa que os anunciantes têm de seguir adiante e procurar o próximo grupo de potenciais devotos de papel toalha que possam influenciar. É por isso que não vemos muitas pessoas de idade avançada — principalmente mulheres, que aparentemente têm uma tendência a determinar suas preferências em relação a papel toalha mais cedo — em filmes e na televisão.

"Mas e a Betty White?", pergunta você. Tem razão! Betty White é engraçadíssima, talentosa e ainda está na ativa. Isso é tão raro que ela é literalmente a única pessoa que alguém menciona quando desafia a minha teoria do papel toalha. Ninguém nunca diz "E a Betty White e a Bathsheba Phlellington?", porque Bathsheba Phlellington parou de trabalhar há muitos anos e parcialmente, porque eu a inventei. Simplesmente não há muitos trabalhos para mulheres da categoria dela e, por isso, não há outro exemplo de mulheres como Betty White além dela mesma. É fato que existe um número considerável de mulheres ligeiramente mais jovens que ela e que poderiam ser citadas como exemplos, mas desafio você a nomear cinco que não sejam Meryl Streep, Diane Keaton ou que também não possuam o título de "Dama" na frente do nome.

Carrie Fisher é uma das minhas atrizes e autoras preferidas. Adoro os filmes dela, fui prestigiá-la na Broadway e li tudo o que ela escreveu. Quando eu estava escrevendo *Quem sabe um dia*, deixava o livro *Postais do abismo* na minha mesa o tempo todo e, quando ficava travada, eu o pegava e relia algumas partes que já havia lido umas dez vezes. Nossos livros são muito diferentes, mas o fato de ela ser uma atriz que escreveu um romance — ligeiramente baseado na vida dela — e que se tornou uma roteirista de sucesso foi uma grande inspiração para mim.

Recentemente, Carrie Fisher respondeu a um artigo do *New York Post* que a citou, comentando a pressão pela qual passou para perder peso para o mais recente *Star Wars*. O autor do artigo dizia que, se ela não gostava de ser julgada pela aparência, deveria "parar de atuar", e que, independentemente do trabalho dela como escritora, "Ninguém iria conhecer o nome Carrie Fisher se não fosse pela habilidade dela de tirar vantagem de sua beleza".

Carrie Fisher é uma autora best-seller e roteirista, uma superestrela do cinema e, em vários aspectos, uma pessoa atraente. E existe um monte, um monte mesmo de pessoas lindas em Nova York e em Los Angeles que foram para essas cidades com o objetivo de atuar profissionalmente. Se conseguir um trabalho como atriz tivesse a ver apenas com aparência — se isso fosse a moeda exclusiva para o sucesso em nosso ramo —, então todo o elenco de *Vanderpump Rules* ganharia o Oscar um dia e eu estaria no encarte central da *Maxim* do próximo mês. Não estou dizendo que nenhuma dessas coisas não possa acontecer, apenas que não aconteceu ainda, talvez porque exista pelo menos uma diferença sutil entre, de um lado, participar de um reality show e ser modelo, e, do outro, ser tão talentoso quanto a Carrie Fisher. "Tirar vantagem da própria beleza" é só um dos componentes. Nem ao menos tenho certeza de que a *Maxim* tem um encarte central.

Pode ser que um dia eu não esteja mais a fim de "alavancar minha beleza", e estou bem com isso. Gostaria de envelhecer de forma digna, embora ainda não saiba o que isso significa. Só sei que existem certas coisas que não gostaria de ter de fazer para parecer mais nova. Não tenho problemas com cirurgias plásticas, pelo menos em tese. Espere... isso não é verdade. Eu meio que tenho problemas com isso. Só estou tentando soar blasé em relação a um assunto que está na moda hoje, e que também me perturba. Veja também: jeans de cintura alta.

Para começar, como espectadora, não aguento quando isso é tudo o que vejo. De repente, sou transportada de uma cena que estou vendo com duas atrizes de quem gosto para prestar atenção em uma conversa entre Preenchimento do Lábio Superior e Botox, algo muito inquietante. Se me garantissem que ninguém, incluindo eu mesma, notaria algo que fiz no meu próprio rosto para parecer mais jovem ou de alguma forma melhor, talvez eu fizesse. Mas acho que tenho um rosto que denuncia esse tipo de coisa com muita facilidade, e não quero ter de me preocupar com você confundindo minha testa com um rinque de patinação.

Além disso, apesar de saber que não há nada de errado em fazer algo para se sentir melhor, eu só queria que as escolhas se restringissem a coisas mais simples, às quais muitos de nós temos acesso, como beber mais água, correr ou encontrar um tom mais bonito de batom. É um tormento saber que arrancar suas orelhas e recolocá-las no lugar, para esticar as dobras do pescoço (talvez esse não seja o termo cirúrgico preciso) seja considerado uma opção para aparentar ter menos idade. Para mim, é confuso que minha aversão a fazer esse tipo de coisa tenha alguma ligação com o meu trabalho como atriz. "Quer dizer que você não está disposta a arrancar suas orelhas e colocá-las de volta para esticar as dobras do pescoço, Lauren? Você não se importa com a gente? Onde está o seu comprometimento com a sua profissão?", gritam as pessoas cruéis na internet. Eu queria que essa possibilidade nem ao menos existisse, assim todos viveríamos, de alguma forma, em um lugar mais justo. Mas esse conceito é tão fútil quanto a minha crença de que todo mundo que nasce deveria automaticamente poder viver até os 85 anos. As pessoas que cultivam hábitos mais saudáveis ganhariam créditos extras, mais tempo para viver; os festeiros e preguiçosos receberiam uma redução de pontos, viveriam menos. Esse sistema é muito mais justo que o lance aleatório de "às vezes, fumantes vivem até os 90 anos, enquanto maratonistas ocasionalmente morrem aos 45" que vemos hoje. Mas, ai de mim...

Outra coisa extraordinária sobre a Betty White é que ela foi dos seus 20 ou 30 e poucos anos e chegou aos 80 e tal mantendo a mesma qualidade maravilhosa que sempre teve ou simplesmente sendo a Betty White. Não importa qual personagem interprete, ela é sempre engraçada, inteligente e, pelo menos, um pouco sexy. No início de sua carreira, ela não se definiu como a sedutora e sensual Betty White e, portanto, não precisou se agarrar desesperadamente à sua persona tentadora, fingindo que nada havia mudado com o passar dos anos. Ela não teve de encarar manchetes como "Betty White: ainda uma gata! De volta e melhor que nunca!", "Betty White: ainda sedutora?" ou "Uma Betty White triste é vista curtindo a noite na Limelight! Desesperada para reinar como A sedutora e sensual mais uma vez!". Além disso, essa Limelight (que fechou nos anos noventa, eu acho) ser a única boate na qual consigo pensar deve dizer bastante sobre meus hábitos de ir a festas.

Em *O clube das desquitadas*, a personagem da atriz Goldie Hawn diz que há somente três idades para as mulheres em Hollywood: "gatinha, promotora pública e *Conduzindo Miss Daisy*". Isso sugere que a carreira de ator segue uma estrutura em três atos, o que faz sentido. Para as pessoas que estão dispostas a fazer a cirurgia orelha-grampeia-dobras-do-pescoço, talvez o segundo ato dure mais. Não cheguei ao meu terceiro ato ainda (Calçolas Antigas da Vovó? Especialista em Batatas Inglesas Mal-humorada?), mas, até agora, em termos de carreira, eu chamaria meus dois primeiros atos de Broto na Cidade e A Mãe.

Broto na Cidade é uma garota disposta a fazer carreira a todo vapor. Está à procura de um amor, mas não pode se prender a ninguém ainda porque está tentando uma promoção no trabalho. Ocasionalmente tem um caso com alguém, mas é solteira, está focada na carreira e de vez em quando sai com algum cara, mas nunca dá certo. A BNC vai a bares com suas amigas, chega tarde em casa e tem um gosto duvidoso para roupas. Usa sapatos de salto alto e seu casaco de inverno é vermelho ou amarelo. Tem várias amigas para as quais liga quando as coisas ficam complicadas. Geralmente, um dos seus melhores amigos é um cara com quem jamais imaginou se envolver romanticamente, mas, em algum momento, ela acaba percebendo que estava errada, e que ele era *o* cara desde o princípio. E ela pensa "não é irônico o fato de que ele estava ao meu lado o tempo todo?". Quando comecei, fiz muitas participações como convidada, e quase todas foram BNC: *Seinfeld*, *Law and Order* e *NewsRadio*.

Meus outros Brotos na Cidade:

Liz, em *Good Company*
Molly, em *Conrad Bloom*
Jules, em *One True Thing*
Sue, em *Papai Noel às avessas* (essa *realmente* se divertiu na cidade)
Maggie, em *Because I Said So*

A Mãe, por outro lado, usa camisa xadrez e tênis, e normalmente é descrita como "cansada", "sob pressão" ou alguém com uma "beleza desbotada". A Mãe, com frequência, está atormentada ou sobrecarregada, e sabemos disso porque, geralmente, em sua primeira cena, ela diz: "Vamos, pessoal! A gente vai se atrasar!" Em quase todos os casos é solteira, mas nem sempre sabemos exatamente o motivo ou o que aconteceu. Sempre tem uma cena em que ela está com o(s) filho(s) e se refere ao "seu pai" melancolicamente, mas não temos certeza se ele está morto ou apenas em algum outro lugar. Estranhamente, A Mãe não parece ter muitos amigos. Tem, no máximo, uma amiga que se divorciou há pouco tempo, que sai com homens mais novos, fuma e vive falando que A Mãe deveria sair mais. Enquanto as BNCs normalmente têm muitas particularidades e vários pontos fortes em sua personalidade, As Mães não são tão específicas. Quase todas que interpretei têm uma cena na qual dobra roupas recém-lavadas. As BNCs nunca fazem isso. Elas provavelmente estão muito ocupadas saindo com o Sr. Errado e recebendo suas roupas limpas em casa. Às vezes, o pessoal da produção de um projeto Mãe nem ao menos usa o nome da minha personagem, apenas se refere a mim como "A Mãe": "Ok, então agora A Mãe vem até aqui com o cesto de roupas." Não sei por que A Mãe não pode ser tão específica e única como as BNCs. Acho que é porque as mais novas estão, na maioria das vezes, no centro da história, e isso raramente acontece com A Mãe, porque... bom, papel toalha.

Algumas das minhas Mães:

Joan, em *A volta do todo poderoso*
Phyllis, em *Jogada de gênio*
Pamela, em *Max: o cão herói*
Jules, em *Middle School*

Na época em que fui escalada para ser Sarah Braverman em *Parenthood*, interpretar a mãe de dois adolescentes era apropriado para a minha idade. Mas, na primeira vez que li o roteiro de *Gilmore Girls*, eu estava com 31 anos. Eu já tinha interpretado a mãe de um recém-nascido uma vez (Denise, em *Townies*), mas mesmo aquela personagem era considerada uma mãe muito jovem. Durante quatro anos em Los Angeles, estive quase que exclusivamente no mundo BNC. Mas aquilo estava prestes a mudar.

Quando recebi o roteiro para o piloto de *Gilmore Girls*, estava em Nova York, no apartamento minúsculo de uma amiga, esperando para saber se a série que eu havia terminado de gravar para a NBC — M.Y.O.B., do Don Roos — teria uma segunda temporada ou se seria cancelada. Esperar para saber se o seu programa de TV será ou não escolhido é sempre um momento estressante. "Ficou sabendo de alguma coisa?", você pergunta ao seu agente umas dez vezes por dia. Na quinta ligação, ele começa misteriosamente a estar "em uma reunião", "comprando calças com o Hugh Jackman" ou "saiu para comprar trufas".

O roteiro de *Gilmore Girls* já havia sido enviado para mim antes, mas eu não tinha lido. Não queria ler uma coisa, cair de amores por ela e depois descobrir que não estaria disponível. Mas eles ainda não haviam encontrado ninguém e continuavam interessados em mim. "Agora você é a segunda opção deles", disse meu agente, o que significava que, ao contrário da primeira vez que me mandaram o roteiro, estavam dispostos a arriscar. Se eu fizesse o teste e passasse, eles seguiriam em frente e gravariam o piloto comigo, rezando para que a outra série não tivesse uma segunda temporada.

E foi o que aconteceu.

Bem, o que *de fato* aconteceu foi que consegui o papel, gravei o piloto e passei os três meses seguintes roendo as unhas. *Gilmore Girls* tinha sido escolhida pela WB, mas M.Y.O.B. ainda não estava cancelada pela NBC — ainda existia a possibilidade de haver uma segunda temporada. Anos depois, um dos executivos envolvidos no projeto naquela época me disse que eles me liberaram para *Gilmore Girls* porque me "trocaram" por uma atriz de outro canal que também estava em duas séries. Isso confirmou minhas suspeitas de que, se você quiser saber como Hollywood realmente funciona, basta assistir várias vezes a *Jogos vorazes*.

Mas, depois disso tudo, o papel era meu, e eu estava pronta para interpretar Lorelai Gilmore, uma mulher de 32 anos, mãe de uma adolescente de 16. Quando contava às pessoas sobre a premissa de *Gilmore Girls*, a maioria, principalmente outras atrizes da minha idade, perguntava: "Você não tem medo de ficar estereotipada como A Mãe? De que isso te envelheça?" Mas, sinceramente, nunca pensei nisso uma vez sequer. Para mim, Lorelai era uma Broto na Cidade e A Mãe ao mesmo tempo, além de uma mistura mágica de inteligência e humor que a tornava totalmente única. Li em algum lugar que Christopher Reeve disse que uma das maneiras de saber se um papel era para ele era quando não suportava a ideia de ver ninguém mais interpretando aquele personagem. Conheço exatamente essa sensação. Às vezes, quando leio algo que quero muito, fico meio obcecada e enlouqueço, mesmo que por um curto período de tempo. Essa sensação é uma combinação de "Olá, velha amiga" e SAIAM TODOS DA MINHA FRENTE PORQUE ELA É MINHA, SÓ MINHA.

Na época, eu vinha de uma série de programas que não duraram muito tempo. Trabalhei bastante e num ritmo regular, mas nada chegou perto de emplacar. Ainda assim, quando contei à minha mãe sobre *Gilmore Girls*, me lembro dela dizendo: "Tenho um bom pressentimento em relação a essa série."

E ela estava certa.

Tenho consciência do quanto sou sortuda por ter um primeiro e segundo atos tão maravilhosos em minha carreira. Ainda não tenho certeza de como será o terceiro (Apresentadora Sexy de Competição Culinária? Anunciante Peruana e Narradora de Bingo?), mas, se você encontrar a Betty White por aí, diga a ela o quanto sou grata.

Eu gostaria de ser como ela um dia.

Como foi — Parte um

Vocês já se pegaram andando na rua e pensando: "Sinto que a Lauren gosta de mim, mas será que ela me *ama*?"

A resposta é sim. Sim, eu amo. E vou provar isso fazendo uma coisa que não faço há uns 15 anos... nem mesmo para os meus amigos, parentes ou meus chefes.

Vou assistir a mim na televisão.

Não tenho certeza de quando parei de assistir às coisas das quais participo — é mais provável que eu nunca tenha começado. Aprendi razoavelmente cedo que não sou uma daquelas atrizes que melhora assistindo a si mesma. Tive de fazer isso pelo menos três vezes até começar a ser objetiva, e, em *Gilmore Girls*, gravamos 22 episódios por temporada. Se ficasse em casa para assistir a todas aquelas horas de gravação, nunca conseguiria ir ao mercado, sem mencionar que eu me tornaria um ser humano insuportável. Gravar tantos episódios assim por sete anos seguidos fez com que acontecesse algo engraçado com a minha memória também e, hoje, é difícil lembrar exatamente o que estava acontecendo na época ou distinguir uma temporada da outra. Mas quero contar a você como foi interpretar a Lorelai por todos aqueles anos. Então vou dar pelo menos uma olhadinha em todos os episódios para ver o que consigo lembrar para passar a melhor ideia possível aqui. A internet já fez o trabalho de classificá-los e apontar os episódios favoritos do público. Meu objetivo aqui é apenas dar a minha visão pessoal sobre o que estava acontecendo.

Só para que tenha um apoio visual: estou no meu apartamento em Manhattan e é verão. Lá fora está fazendo um milhão de graus, e minha irmã e muitos dos meus amigos que moram aqui deixaram a cidade e foram para uma praia em algum lugar. Não tem quase ninguém no meu prédio. O que significa que não só passarei os próximos três dias assistindo a mim mesma como também serei minha única companhia. Então, se durante esse tempo o TMZ anunciar que enlouqueci e prendi o cara que veio entregar comida japonesa no meu apartamento porque eu "só precisava de alguém com quem conversar", você vai entender.

GRAVANDO O PILOTO

Alexis Bledel e eu nos encontramos pela primeira vez no saguão de um hotel em Toronto. Dá para acreditar nisso? Nós duas fomos escolhidas para a série sem termos ao menos nos conhecido. Entrei para o elenco bem mais tarde no processo, em parte por causa do lance do M.Y.O.B.. Então não havia tempo de fazer uma leitura para saber se teríamos química — normalmente isso é o mínimo que se faz quando dois atores cuja relação será vital para o sucesso de uma série são escolhidos. Não houve tempo nem para que ninguém nos visse lado a lado, só para ter certeza de que parecíamos parentes. Nós nos encontramos naquele saguão e fomos direto para um jantar com nossos novos chefes, Amy Sherman-Palladino, a criadora da série, Dan Palladino, o produtor-executivo, e Gavin Polone, o produtor. Eu estava exausta, mas gostei dela logo de cara. Alexis tinha apenas 18 anos, mas era gentil, curiosa e linda, é claro. Tive um bom pressentimento sobre nós duas desde o princípio. Nós nos demos bem como amigas também imediatamente. Mas tudo aquilo foi um golpe de sorte!

Alguns meses depois, a série foi escolhida, o que era emocionante mas também preocupante, porque, conforme mencionei, eu não estava exatamente disponível para gravá-la. Se a NBC decidisse continuar com M.Y.O.B., eu teria de ser substituída em *Gilmore Girls*. Então, enquanto não estava nem lá nem cá, viajei para Nova York em maio de 2000 para os *Upfronts* — o evento anual no qual as emissoras apresentam suas novas temporadas aos anunciantes —, a fim de promover *Gilmore Girls*. Nos bastidores, onde os atores e os executivos se socializavam antes de subir ao palco, havia um telão no qual eram exibidas cenas de todos os novos programas que seriam lançados. Alguns executivos da WB vieram se apresentar.

— A série parece ótima — disse um deles assim que meu rosto apareceu no telão.

— Horário complicado na grade de programação — comentou outro.

— Por quê? Qual é o horário? — perguntei.

Hoje em dia, se uma nova série minha fosse escolhida, essa seria uma das primeiras coisas que eu gostaria de saber. Naquela época, de alguma forma, não me ocorreu perguntar isso.

— Quinta-feira, às oito — respondeu ele.

Até mesmo a minha versão menos esperta daquela época sabia o que aquilo significava. Meu estômago deu um nó.

— Ah, então já fomos cancelados — brinquei.

Ele não disse nada, mas abriu um sorriso simpático e meio que deu de ombros de um jeito que dizia não discordar daquilo.

A noite de quinta-feira na NBC era, no ano 2000, a noite com as maiores audiências da televisão. Bateríamos de frente com *Friends*, a série número um da época. A WB ainda era muito nova, e os índices de audiência, mesmo dos programas mais famosos, já tendiam a ser bem mais baixos que os das outras quatro maiores emissoras. Portanto, nas noites de quinta-feira, concorrendo com a série preferida dos americanos, tínhamos quase zero por cento de chance de conquistar audiência.

Ah, bom, pensei, provavelmente não vou poder ficar nessa série de qualquer forma. E, mesmo se M.Y.O.B. abrisse mão do meu contrato, eu teria de encarar uma grade de quinta-feira que basicamente soletrava "já era". Aqui vamos nós de novo, pensei. Trabalhei muito desde que me mudei de Nova York para Los Angeles, mas cada série que eu havia feito até aquele momento tinha sido cancelada na primeira temporada. Por que com *Gilmore Girls* seria diferente? Eu me apaixonei de cara pelo roteiro, mas adorei M.Y.O.B. também, e os índices de audiência não eram lá grande coisa. O lado show business do meu coração já havia sido partido antes, e eu já estava começando a ficar acostumada com isso.

Eu me virei para o telão assim que imagens de *Gilmore Girls* apareceram de novo. "Adeus, série nova!", eu disse a mim mesma.

À minha frente, duas mulheres que aparentavam estar em uma faixa etária bem próxima olhavam para o telão. Enquanto nossas cenas passavam, elas suspiravam e se agarravam uma à outra, seus rostos se iluminando. "Mãe, somos nós!", disse a filha, sorrindo para a mãe que aparentava ter quase a mesma idade que ela. As duas pareciam chocadas e felizes em se verem naquelas personagens. Alguma coisa claramente fez com que elas se identificassem muito com aquilo.

Hmmmm.

PRIMEIRA TEMPORADA

A primeira cena que gravamos é a primeira cena do piloto: um cara no restaurante do Luke dá uma cantada na Rory, em seguida na Lorelai, e então revelamos que não somos amigas, como ele imaginou, e sim mãe e filha. Assista de novo e você não vai acreditar que está vendo uma jovem atriz (Alexis) em sua primeira cena na frente das câmeras. Além disso, o que é engraçado neste piloto, de acordo com os padrões atuais, é que, apesar de o diálogo ser encantador desde o início, nada realmente acontece nos primeiros 15 ou vinte minutos, até que Rory é aceita em Chilton e Lorelai tem de pedir dinheiro aos pais para pagar a escola. Hoje em dia, se mãe e filha em um diálogo inteligente não revelam que também são cirurgiãs, lobisomens ou agentes secretas até o fim do *teaser*, jamais serão escolhidas. Além disso, nós parecíamos ter 12 anos.

Sinceramente, o que mais vem à minha memória quando assisto a esta temporada é o alto nível de adrenalina em que fiquei por causa dos diálogos durante o ano inteiro, se é que isso faz sentido. Eu não recebia um material tão denso desde a época das aulas de interpretação. Achei legal o ritmo, assim como a grande quantidade. Em vez de me deixar exausta por conta das longas horas de preparação e trabalho, aquilo me dava energia extra. Dormia cerca de quatro horas por noite e ainda me sentia ótima. Corria todos os dias durante o almoço na academia da WB. Ah, a juventude!

Ver Scott Patterson nesta temporada me lembra... você sabe, aquele papel não era necessariamente o futuro interesse amoroso da Lorelai. No começo, ele era apenas o Dono Bonito e Nervosinho do Restaurante, e poderia ter tomado inúmeras direções, mas Luke conquistou um papel mais importante por causa da sensualidade especial do Scott misturada a uma rispidez que resultava em um contraste perfeito com a alegria borbulhante da Lorelai. Assistam e aprendam, jovens atores... Se vocês forem interessantes, as câmeras irão atrás de vocês.

Kelly Bishop e Ed Herrmann foram escolhas perfeitas para serem Emily e Richard. Ambos exalam uma elegância aristocrática que demonstra exatamente o tipo de ambiente familiar em que Lorelai cresceu e o motivo pelo qual às vezes ela o considerava chato. Como atores, os dois têm profundidade emocional e um timing impecável para a comédia. Além disso, como pessoas, são pura alegria para se ter por perto.

Depois de alguns meses de gravações naquele ano, lembro que Alexis e eu fomos ver Melissa McCarthy em *Groundlings* pela primeira vez e ficamos impressionadas. Na época, eu me perguntei se alguém um dia conseguiria descobrir uma forma de mostrar o quão talentosa ela era. Melissa tinha algo único. É claro que Sookie, a personagem dela na série, era um encanto, mas será que ela encontraria uma maneira de mostrar outras personagens hilárias e originais que era capaz de criar? Porque, sim, povo. Sim, ela podia.

Christopher, interpretado pelo David Sutcliffe, é tão atraente que faz com que de vez em quando você se pergunte se Lorelai e o pai da Rory não deveriam ter ficado juntos depois de tudo. E Yanic Truesdale criou um personagem tão único com Michel, especialmente porque, na vida real, ele é caloroso, engraçado e raramente sofre de tédio como acontece com o Michel.

Muitos outros atores especiais fazem de Stars Hollow o que é: sempre fico encantada com o humor e o calor de Sally Struther, a entrega ardente de Liz Torres e o total comprometimento de Sean Gunn com qualquer que seja a nova paixão do Kirk. Adoro as brigas divertidas entre Lane e a Sra. Kim, Michael Winters faz com que aqueles longos discursos do Taylor pareçam fáceis, e Gipsy, interpretada por Rose Abdoo, é simplesmente um tesouro. A maior parte dos outros programas da época na WB tinha vários jovens lindos. Adoro o fato de que estávamos rodeados por inúmeras pessoas interessantes.

Os tempos eram outros: Lorelai reclama quando Emily tenta instalar uma linha telefônica só para a internet, alegando que ela não precisa de uma. HAHAHA, precisa sim, Lorelai. Espere só alguns anos até que seu BlackBerry pare de funcionar também. Rory questiona se ainda há esperança para Sean Penn e Madonna (não há!); Kelly reclama que os adolescentes da época estão perdendo tempo assistindo à "MTV e a centenas de canais de TV", o que não parece muito, levando em conta o padrão atual; e eu anoto meu número para Max Medina em um cartão de visitas!

Moda e cabelo: uau, vários blazers de couro e muita sombra *azul*? Por algum motivo, eu gostava muito de sombra azul naquela época. Minha maquiadora se preocupava em não exagerar, mas eu curtia qualquer coisa brilhante e atrevida para Lorelai. Meias-calças Donna Karan estavam em alta. Eram novas e muito populares; não havia Spanx naquele tempo, e aquelas meias com acinturamento embutido revolucionavam os abdomens das mulheres de todo o país. Minhas saias são muito curtas no primeiro ano, e meu cabelo está muuuuuito preto. Lembro que discutimos muito sobre isso. (Sobre o cabelo, não sobre as saias. Ninguém na história da televisão jamais se preocupou com saias curtas.) Uma nota entediante, mas importante sobre cabelo: a cor era apenas um dos meus problemas. Meu cabelo é naturalmente cacheado e extremamente sensível ao clima. Isso significa que, para que eu usasse cabelo cacheado, primeiro teria de alisá-lo e só então deixá-lo ficar cacheado, o que meio que anula toda a suposta "sorte" de ter nascido com ele assim. Então descobrir a melhor maneira de fazer com que isso durasse

14 horas por dia demandou vários testes ao longo dos anos. Espere resultados emocionantes!

O que amo: são muitos episódios incríveis neste ano, mas, para mim, a série realmente chega ao auge no sexto, com "Feliz aniversário, Rory", no qual Emily e Richard Gilmore dão uma festa sofisticada para a neta, contrastando completamente com a aconchegante comemoração organizada por Lorelai, cheia de *junk food*, um bolo com o rosto da Rory e todos os seus amigos de Stars Hollow. Kelly está maravilhosa na cena que se passa no quarto da Lorelai, na qual vê uma foto da filha com a perna quebrada e ambas começam a entender, de uma nova forma, o quanto perderam ao não participar da vida uma da outra. No começo da série, Kelly se chama de MTV ou Mãe da TV, o que significava que estava levando o papel de sua personagem a sério, muito além das páginas do roteiro e para o mundo real. Imediatamente desenvolvemos rituais de velhas amigas: almoçávamos no Joe Allen, em Nova York, íamos comer guacamole em nosso restaurante mexicano preferido em L.A., ou nos permitíamos dividir um pacote pequeno de Cheetos quando gravávamos de madrugada. De um jeito maternal e protetor, ela achava que faltava alguma coisa na maioria dos meus namorados na época e uma vez me disse que eu precisava de alguém que fosse mais parecido comigo, como "aquele ator maravilhoso de *Six Feet Under*".

Hmmmm.

Último episódio: ao longo da primeira temporada, começamos a nos dar conta de que nosso horário complicado na grade de programação, na verdade, poderia ter sido um presente. Como a emissora poderia esperar que fôssemos ter alguma audiência enfrentando uma competição tão forte? Ainda assim, pouco a pouco, começamos a acumular críticas positivas e espectadores fiéis.

No último episódio, Rory finalmente diz "Eu te amo" a Dean, e Max Medina pede a mão da Lorelai em casamento com mil margaridas amarelas. (Embora, estranhamente, ele faça isso por telefone.) Se vocês já viram a criadora da série, Amy Sherman-Palladino, pessoalmente ou leram entrevistas dela, sabem que ela é muito, muito engraçada e muito, muito esperta. Mas a mente da pessoa que concebe um gesto romântico e majestoso como esse? Gênia.

SEGUNDA TEMPORADA

Naquele ano, a WB nos transferiu para as terças-feiras, às oito da noite (até mais, *Friends*!), e a audiência começou a aumentar. Fui indicada ao Globo de Ouro e ao SAG Awards, e também fui convidada para ser uma das apresentadoras do Emmy. Meus acompanhantes para esses eventos foram, respectivamente, meu agente, meu pai e meu primo Tim. Eu era muito popular! (Entre as pessoas com quem trabalhava e/ou com quem tinha algum parentesco.)

Os tempos eram outros: Christopher dá à Lorelai o DVD de *A primeira noite de um homem* (não existia Netflix naquela época) e *uma câmera descartável* (elas eram uma GRANDE novidade naqueles dias) para tirar fotos da formatura da Rory. Uma colega de turma da Lorelai reclama do emprego na Kinko's (lojas que tiravam cópias e que existiam aos montes antes da FedEx dominar o mundo). E Lorelai e Rory convidam Dean para assistir ao filme *Tears and Laughter: The Joan and Melissa Rivers Story* na TV, estrelado por Joan e Melissa Rivers interpretando elas mesmas. (Isso me faz lembrar uma coisa: Joan Rivers também foi aluna da Barnard e sempre foi muito gentil e solidária comigo quando nos encontrávamos no tapete vermelho. Acho que ela sempre pegou leve comigo em relação à moda. Quando ajudei a escrever um piloto sobre uma aspirante a apresentadora de programa de talk show noturno, interpretada por mim, fiz com que minha personagem — eu — falasse com uma foto da Joan que ela tinha presa no espelho do camarim. Tanto como comediante quanto como inspiração, ela faz muita falta.)

Moda e cabelo: então, eu abro a temporada usando uma blusa sem mangas com a estampa de um pug. No segundo episódio, só para variar, ostento outra blusa sem mangas que dá a ilusão de que eu também usava diversos colares de pérolas — minha evolução fashion naquele ano não poderia estar mais evidente.

Vestidos de alcinha também eram muito populares em 2001, e usei vários durante esta temporada. Apesar de eu ser a única a achar que eles são praticamente camisolas sem graça porque, na verdade, são camisolas, e não vestidos? Ficávamos todas andando de um lado para o outro com nossas roupas íntimas, nos sentindo elegantemente livres. Eles estão na moda de novo, e até agora ninguém ainda foi a público desmascarar essa conspiração que nos faz pagar mais caro só para usarmos nossas camisolas em público.

No verão, tingi meu cabelo de vermelho, porque achei que seria legal, e depois tive de pintar de novo para a série. Portanto, nesta temporada, ele está preto, com reflexos avermelhados e bem danificado. Em algum momento fiz aquele alisamento japonês, que era o máximo na época, e meu cabelo ficou liso de novo e com muito brilho, mas ainda assim meio duro e parecendo uma vassoura.

O que amo: episódio 4, "Viagem para Harvard", no qual, diante do término de Max e Lorelai, Rory e a mãe ficam mais próximas durante a viagem, e episódio 7, "Filho de peixe", no qual Kelly e eu usamos as mesmas roupas. Além disso, sabe aquela dieta sobre a qual o Michel fala, que faz com que ele reduza trinta por cento das calorias por causa de um estudo que mostrou que ela ajuda ratos a viver mais? Então, ela foi baseada em uma dieta real feita pelo nosso produtor e entusiasta da saúde Gavin Polone. Até hoje ele é muito magro, embora provavelmente também seja trinta por cento mais faminto que o restante de nós.

Último episódio: foi nele em que "Oi, os poodles chegaram" nasceu! Já repeti essa frase para algumas pessoas em aeroportos de todo o país, mas, sinceramente, eu tinha esquecido onde exatamente na série essa expressão tinha surgido. Agora eu sei!

Perceba, nerd veloz, o quanto o ritmo da série aumentou exponencialmente ao longo deste ano e todo mundo começou a falar muito mais rápido. Isso aconteceu na época em que começamos a ficar famosos por isso. Assista ao primeiro e ao último episódios, um depois do outro, e isso ficará bem evidente. Eu já estava meio que falando daquele jeito, mas aquilo começou a dominar toda a Stars Hollow. O resultado foi que nossos roteiros já longos se tornaram ainda maiores. Também me lembro de ter feito um teste naquele ano e de alguém me perguntar, antes de começar, se eu poderia "falar normalmente". Ha!

Além disso, em geral, o quão incrível é Liza Weil interpretando Paris? Pense nisso.

TERCEIRA TEMPORADA

Ah, sim. Aqui tem o episódio "Às oito horas, no Oásis", no qual lancei sozinha a carreira de Jon Hamm ao escalá-lo para interpretar Peyton Sanders. Brincadeira... Eu não tive nada a ver com o convite para o papel ou com o sucesso que estava por vir para ele. Mas me lembro de ter pensado "que cara talentoso e gato".

No episódio "Lorelai fora d'água", meus trajes de pesca são realmente perturbadores. Meu amigo Billy Burke interpreta meu namorado, e Adam Brody está muito charmoso como Dave Rygalski.

Os tempos eram outros: no segundo episódio daquele ano, alguém gastou toda a nossa fita da secretária eletrônica.

Moda e cabelo: na cena de abertura da temporada, estou usando uma camisola — *ou seria um vestido de alcinha?* Muitas estampas florais naquele ano. E parecia que eu estava dando uma nova chance aos meus cachos. Vejamos quantos episódios isso dura até eu deixar de lado essa loucura... Será que nunca vou aprender?

O que amo: o discurso da Lorelai no primeiro episódio, no qual ela confessa a Luke que está preocupada com o fato de que nunca terá "o pacote completo", agora que ela e Christopher terminaram. Foi no momento certo para ela, e acho que para mim também. Amy escreveu e dirigiu este episódio, e Luke consola Lorelai de um jeito tão generoso, apesar de você perceber o quanto o machuca fazer isso. Mandou bem, Scott Patterson. E no episódio "A resposta", Liza faz um discurso fantástico dizendo que não vai para Harvard. Amy escreveu este também. Ela realmente é a rainha dos momentos que são engraçados e, ao mesmo tempo, partem o coração.

Último episódio: esta é minha irmã Maggie sentada entre Rory e Paris na formatura em Chilton.

Ao longo dos anos, na verdade, muitos familiares fizeram parte do elenco de apoio. Meu primo Tim ainda fala do episódio preferido dele: "Aquele do cara carregando flores na recepção da Dragonfly." Ele (obviamente) participou fazendo O Cara. Tenho certeza de que você também acha que é o melhor episódio da série.

O discurso da Rory homenageando a mãe na formatura me emociona todas as vezes que vejo. Ah, e a temporada começa com a Lorelai sonhando que está com o Luke e termina com o Luke sonhando com ela. Eu nunca havia notado esse paralelo antes!

QUARTA TEMPORADA

No segundo episódio daquele ano, temos nosso preparador de diálogo, George Bell, interpretando o professor Bell em Yale. Um dos meus diálogos favoritos acontece alguns episódios depois, nesta conversa entre mim e Kelly sobre as minhas calças de moletom estampadas:

> EMILY: A palavra "gostosa" está escrita na sua calça.
> LORELAI: Bem, se soubesse que você viria, teria me trocado.
> EMILY: E usaria o quê... Um sutiã com a palavra "deliciosa"?

Fazer a maquiagem para o episódio "O festival de arte viva" todo dia durante uma semana me fez perceber que eu jamais iria gostar de participar de um festival de arte viva de verdade. Tortura. No entanto, nossas maquiadoras ganharam um Emmy por este episódio, o que foi muito maneiro.

Os tempos eram outros: Rory se dá conta de que anotou errado a data de sua mudança para Yale ao checar novamente seu *organizador de tarefas Filofax*.

Moda e cabelo: a temporada começa com Lorelai e Rory voltando do mochilão pela Europa. Eu me sinto orgulhosa mas também horrorizada em dizer que tudo o que estou usando na primeira cena — a camiseta verde que diz TODOS AMAM UMA GAROTA IRLANDESA, a jaqueta da seleção de futebol da Irlanda e o gorro de tricô com um pompom enorme e a palavra DUBLIN escrita — veio do meu guarda-roupa pessoal. Ah, e o cordão com trevo dourado era meu também. Eu estava realmente focada na temática irlandesa.

Não tenho certeza do que fiz com o meu cabelo no episódio 15, "Cenas de um shopping", mas o volume está muito tipo Grand Ole Opry.

O que amo: esta foi uma ótima temporada para o bonitão Milo Ventimiglia, como Jess, confrontar o bonitão Jared Padalecki, o Dean. Ambos são tão talentosos e igualmente convincentes como pretendentes que consigo entender por que "times" se formaram. Também adoro a devoção que Michel tem por seus chow-chows. Esse provavelmente foi o ano em que Amy e Dan compraram o deles, ao qual eram extremamente dedicados. Também adoro algumas coisinhas bobas e inteligentes, como quando a Rory acorda com um Post-it na testa que Lorelai deixou com um lembrete para ela, e o fato de que Lorelai começa a perceber o que sente por Luke ao descobrir que "ele sabe dançar valsa" — fato realçado por muitas subidas e descidas de sobrancelhas da minha parte.

Último episódio: no geral, eu me lembro de ter ficado preocupada com o que iria mudar quando Rory fosse para a faculdade e ela e Lorelai não morassem mais juntas, mas acho que deu tudo certo. No final desta temporada, Luke e Lorelai (finalmente) se beijam, e Dean e Rory reatam, embora ele ainda esteja casado, e é aí que começam os problemas entre mãe e filha. Todos os nossos homens estão lindíssimos de um jeito enlouquecedor nesta temporada. E foi muito divertido ter meu amigo de Nova York, Chris Eigeman, que interpreta Jason Stiles, na cidade por um tempo.

QUINTA TEMPORADA

A temporada inteira é praticamente sobre Rory e Lorelai tendo problemas, Emily e Richard tendo problemas, e Dean e Lindsay tendo problemas. Brigas, brigas, brigas!

Os tempos eram outros: Lorelai diz algo sobre estar preocupada com a possibilidade de haver antrax em seu pão. Antrax era algo assustador naquela época, mas me parece um perigo relativamente pequeno comparado ao que enfrentamos hoje. Dá para imaginar ficar preocupado com algo que vem em nossa direção na velocidade dos Correios? Além disso, um dos jantares de sexta-feira dá errado, e

Lorelai pede uma *lista telefônica* a uma das empregadas da Emily para que ela e Rory possam pedir uma pizza.

Moda e cabelo: boleros — minicasaquinhos — estavam em alta naquele ano. E camisetas de mangas curtas com camisetas de mangas compridas coloridas por baixo também. Felizmente, pareço ter conseguido domar um pouco meu cabelo de cantora country. Estou usando meus próprios óculos em "Ele nunca assistiu a Pippi Meialonga", e acho que eles me fazem parecer um pouco com a Tina Fey. Aqui estou eu fazendo "Weekend Update":

O que amo: o talentoso Matt Czuchry se junta ao elenco — mais tarde complicando a sua vida na hora de escolher quem seria o Destino de Rory. E chegamos à marca de cem episódios naquele ano, o que foi um grande marco. Para comemorar, todo o elenco e a equipe da série foram levados para um dos cenários, onde tiramos uma foto em grupo e ganhamos um bolo enorme. Na época, achei aquilo meio sem graça. Tipo, só um "Obrigado pelas centenas de horas de trabalho; por favor, desfrutem da cobertura de baunilha!". Mais tarde descobri que celebrar o centésimo episódio com um bolo era uma tradição. Toda série que chega a essa marca faz isso. Ganhamos um bolo em *Parenthood* também. Foi muito legal. Mas, se um dia chegar perto de completar cem episódios de novo, vou tentar aprimorar essa tradição trocando o bolo por diamantes ou, pelo menos, por uma fonte de chocolate.

Em nosso centésimo episódio, Emily e Richard renovam os votos de casamento. A expressão de Ed ao ver Kelly caminhando em sua direção no altar é simplesmente linda.

Último episódio: Rory diz à Lorelai que quer dar um tempo nos estudos em Yale. Lorelai fica chateada e não quer que a filha volte para casa. Luke tenta ajudar Lorelai, e a reação dela é "Luke, quer se casar comigo?". E, antes que ele ao menos tenha tempo para responder, eis *o final*. Uau! Levando em consideração os outros finais de temporada, esse foi bem empolgante.

SEXTA TEMPORADA

Embora eu entenda completamente a necessidade de continuar a história em diferentes direções, tenho de admitir que sofri com a separação Lorelai/Rory naquele ano. Aquilo durou um tempo, e a Lorelai foi muito chata com a filha durante vários episódios, sem falar que eu sentia falta da minha companheira preferida de cena. Eu nunca havia interpretado uma personagem por tanto tempo e, por mais que seja um péssimo clichê para qualquer ator dizer "minha personagem jamais faria isso", a linha entre o profissional e o pessoal começa a ficar tão tênue que, depois de um tempo, parece que o que está acontecendo com ela também está acontecendo com você. Eu me lembro de ter conversado sobre isso com a Amy, e ela achava que era importante em termos de desenvolvimento que aquela relação sempre tão íntima sofresse uma dor significativa para amadurecer. Ainda assim, eu me senti mal nas cenas em que estava guardando rancor.

É também nesta temporada que Lorelai adota Paul Anka (o cachorro, não a pessoa). E Rory e Logan apaixonados são muito divertidos de se assistir!

Os tempos eram outros: Lorelai tenta arrumar a casa, mas se recusa a se livrar da maioria das suas fitas VHS com gravações de episódios de séries de TV antigas, como *Knots Landing* e *21 Jump Street*, parcialmente "porque os comerciais são a melhor parte".

Moda e cabelo: todos os meus blazers parecem curtos demais — ou aquilo era a última moda na época ou eu espichei. Ah, e mangas bufantes dominavam o mundo — um adorno do qual meus ombros já largos não precisavam. Acho que eu também estava experimentando colares muito loucos e, uau, minha devoção aos vestidos envelope da Diane Von Furstenberg realmente chama atenção nesta temporada. A mesma designer interpreta um papel importante no *reboot* também, mas é surpresa... Aguardem e assistam!

O que amo: adoro a cena com a Kelly no avião particular, na qual ela se culpa pelos problemas da Rory. A versão vulnerável da Emily é tão convincente, principalmente porque Kelly só permite que ela apareça de vez em quando.

A melhor parte desta temporada: episódio 9, "A volta da filha pródiga", no qual Lorelai e Rory fazem as pazes! Em frente à própria casa, Lorelai diz à filha que ela parece muito mais "prateada" do que se lembrava. Eu simplesmente amo pequenos toques poéticos como esse. E aquele abraço de reconciliação foi de verdade! Ambas estávamos muito animadas em voltar aos momentos felizes.

Último episódio: no episódio 22, "Despedidas", Lorelai relata um sonho recorrente no qual uma morsa senta em cima dela, impedindo-a de respirar, e tem uma sessão de terapia dentro de um carro, na qual fala sobre sua hesitação em se casar com Luke. (Nota: será que alguém pode, por favor, escrever uma tese sobre todos os sonhos bizarros que essas personagens têm? Ainda preciso de ajuda para decifrá-los.) Logan diz "Eu te amo" e, então, parte para Londres. Luke não gosta de ultimatos, e Lorelai acaba na cama com Christopher. Ou seja, há todos os ingredientes de um episódio final clássico, rico e excêntrico que prepara para temporada seguinte de um jeito maravilhoso. Mas "despedidas", de fato — eu não sabia disso na época —, foi o último episódio da Amy e do Dan... até oito anos depois.

SÉTIMA TEMPORADA

Bem, sob vários aspectos, este foi um ano difícil, e tudo ficou um pouco confuso em minha memória. Por exemplo, aparentemente Christopher e Lorelai se casam em Paris. Tudo bem. Tenho de admitir que isso pareceu tão estranho para mim na época (principalmente depois de todo aquele tempo longe; só não achei que a Lorelai se casaria sem a filha estar presente) que de alguma forma consegui *esquecer completamente que tinha acontecido.* Enquanto estávamos filmando a nova temporada, Dan Palladino teve de chamar ao escritório uma das assistentes, que é superfã, para que ela me explicasse aquele episódio nos mínimos detalhes. Mesmo assim, eu não conseguia ter certeza de que estava entendendo: "Não. É sério? Tem certeza? Não. Em *Paris*?", perguntei a ela várias vezes.

Além disso, nossa emissora, a WB, se fundiu com outra, a UPN, dando origem à CW. Assim como em qualquer empresa, mudanças que acontecem no topo respingam em seus funcionários. A boa notícia era que havíamos sobrevivido à fusão, ao contrário de vários outros programas. A má notícia foi que Amy e Dan enfrentaram uma renegociação complicada e, por fim, não concordaram com os termos. Nossos novos produtores eram escritores talentosos que conheciam bem a série. Mas, assim como quando David Lee Roth foi substituído como vocalista do Van Halen, não importava o quanto tentássemos cantar as mesmas músicas, elas simplesmente não pareciam as mesmas. (Aparentemente parei de ouvir música na década de oitenta.)

Meu contrato e o da Alexis estavam chegando ao fim e, na metade desta temporada, começamos a renegociá-los também. Foi uma época confusa. Para início de conversa, depois de quase sete anos seguidos de longas horas de trabalho, ambas estávamos muito cansadas. Em termos criativos, não tínhamos certeza da direção que o programa estava tomando e não estávamos mais inspiradas. Para nós duas, a formatura da Rory em Yale seria um momento lógico para terminar a história. Batemos o pé para ter um aumento caso ficássemos mais tempo no ar, mas gostávamos demais da série para continuar só por isso, caso o conteúdo não fosse bom o suficiente. Então, tivemos várias conversas com nossos representantes e nada foi decidido até o último dia de trabalho. Nossa diretora, Lee Shallat Chemel, ficou preocupada em encontrar a melhor forma de conduzir o episódio, levando em consideração que nenhum de nós sabia se aquele seria o último ou não. No fim das contas, ela optou por reproduzir a última cena do piloto, na qual a câmera está em uma grua que se afasta da Lorelai e da Rory, que estão conversando sentadas a uma mesa no restaurante do Luke. No geral, acho que ela fez um trabalho fantástico nesta temporada, especialmente neste episódio. Ela não queria se precipitar mas também quis dar aos fãs um tipo de encerramento, caso, de fato, aquilo fosse um adeus. Aquele último dia emendou na noite e terminou depois de mais de 21 horas de trabalho. Dei um breve e cansado adeus aos colegas quando o sol estava nascendo, mas não foi o tipo de despedida que nenhum de nós teria preferido se soubéssemos que aquilo seria o fim.

Nas semanas seguintes, várias possibilidades foram discutidas: retornar para fazer uma temporada completa ou gravar uma temporada mais curta, de despedida, com apenas 13 episódios; tentar incitar Amy e Dan a voltarem ou abrir mão da série. Nesse meio-tempo, saí para jantar com uma amiga e, assim que fizemos o pedido, o garçom voltou à nossa mesa e disse: "Sua agente está ao telefone." Ele me acompanhou até o bar e me entregou o aparelho.

— A série acabou — anunciou minha agente. E, de repente, antes mesmo de as entradas chegarem, estava resolvido.

Como eu nunca havia estado em uma série tão longa antes, também nunca tinha vivido o fim de uma, então não sabia qual era o protocolo. Naquele dia, me falaram que eu tinha sido a primeira a saber e me pediram para esperar um pouco antes de comentar o assunto com qualquer pessoa. Presumi que todos receberiam uma ligação e, levando em conta o tamanho do elenco, eles precisariam de tempo para fazer isso. Mas, muito tempo depois, descobri que Alexis e eu fomos as únicas a serem oficialmente informadas, e que os demais integrantes do elenco descobriram de maneiras bem menos convencionais. Ed Herrmann soube que a série havia sido cancelada pelo funcionário de sua videolocadora em Connecticut, por exemplo. Se pudesse voltar no tempo, eu mesma teria ligado para todo mundo e dado uma festa. Terminar nossa aventura épica assim tão abruptamente foi muito esquisito. Ao longo dos oito anos seguintes, me encontrei com atores do elenco em algumas ocasiões sociais, mas foi só no ATX Festival, em Austin, em março de 2015, que todos (bem, quase todos) nos reunimos novamente.

Em retrospecto, aquela sensação inquietante de que ainda estava faltando alguma coisa na época em que a série terminou acabou sendo uma bênção. Se a história tivesse ficado mais bem-amarrada, teria sido muito mais difícil justificar uma volta. Ao longo dos anos, os fãs não pararam de perguntar sobre um filme, por uma boa razão: de certa forma, os personagens foram meio que congelados no ar, e muitas questões ficaram sem resposta. É claro que eu também queria que tivéssemos um encerramento digno para um capítulo tão importante da minha vida. Mas eu nunca poderia imaginar o quão incrivelmente satisfatório seria voltar àquele desfecho depois de todos esses anos. Eu jamais poderia prever a invenção do *streaming*, o desejo pelos *reboots* e o quanto o *seu* entusiasmo contribuiria para nos trazer de volta. Estou emocionada por ter acontecido do jeito que aconteceu, mas nunca imaginei que isso poderia se tornar realidade. Você poderia dizer que me faltou visão, e estaria certo. Sinceramente, ainda fico muito animada quando vejo uma câmera descartável.

Bom, sobrevivi a todas as sete temporadas. Eu cheguei perto de sequestrar o entregador de comida japonesa, mas ele conseguiu sair da minha casa são e salvo. Na verdade, foi muito bom rever a série depois de todo esse tempo. Quanto à nova temporada? Bem, de acordo com os meus cálculos, acho que vou conseguir assisti-la em algum momento em 2032. Foi tão especial, maravilhoso e importante para mim! A pressão é grande demais!

Quero dizer, como já falei antes, eu realmente amo você. Mas assistir a mim mesma em *mais* episódios? Talvez, assim como Richard e Emily fizeram, tenhamos de renovar nossos votos.

Antes do meu cartão REI

•••••••••••••

Algumas considerações sobre estar solteira

Em 2002, fui convidada para apresentar o SAG Awards com o Peter Krause. Nós nos conhecemos no final dos anos noventa, em um episódio de *Caroline and the City*, no qual ambos participamos como atores convidados, mas, naquela época, não havia nenhuma centelha de nada romântico. Acompanhei a carreira dele na televisão como fã da curta série do Aaron Sorkin chamada *Sports Night* e fiquei impressionada com seu trabalho em *Six Feet Under*, aquela série incrível da HBO. Nossos caminhos se cruzavam ocasionalmente, em um ou outro evento ou em alguma festa, mas eu evitava atores bonitões — isso era meio que uma regra minha. No decorrer dos anos, percebi que minhas preocupações eram infundadas e que não havia nada a temer: atores atraentes, heterossexuais e bem-sucedidos, na verdade, não recebem tanta atenção quanto vocês imaginam, porque as mulheres os consideram tão intimidadores que... HAHAHAHA, não consigo nem terminar essa frase com uma expressão séria. Esses caras têm toda a atenção que vocês imaginam e mais um pouco. Então, no geral, eu era cautelosa com o que considerava ser o "tipo" dele. Mas nós sempre nos demos bem. Naquela noite, nos bastidores, conversamos um pouco e, assim que nossos nomes foram anunciados, ele se virou para mim e perguntou, bem calmo: "Quer entrar de mãos dadas comigo?"

Foi uma pergunta tão estranha, antiquada e inesperada! Será que ele quis dizer alguma coisa com isso? Se entrássemos de mãos dadas, as pessoas pensariam que estávamos juntos? Seria mais fácil andar nos meus saltos altíssimos se estivéssemos de mãos dadas? Eu não andava de mãos dadas com ninguém havia, sei lá, um milhão de anos, então decidi que não havia problema. "Sim", respondi, e entramos de mãos dadas, apresentamos o prêmio, e eu voltei para a plateia para me sentar ao lado do meu acompanhante naquela noite, um advogado muito bem-remunerado que também era meu pai. Fiquei alguns anos sem ver o Peter de novo.

Depois que me mudei para L.A. pela primeira vez, eu estava em um longo relacionamento com um cara maravilhoso, mas, naquela época, não estava pronta para me casar. Depois que terminamos, contraí homem-repelentite, uma doença tão grave que ainda está sendo estudada pela Mayo Clinic. Ou, pelo menos, foi assim que eu me senti.

Por um longo período, trabalhei, trabalhei e trabalhei, e então um dia percebi que todos os meus amigos estavam casados e tendo filhos. Essas pessoas casadas e com filhos continuavam sendo minhas amigas, mas elas se tornaram parte de um grupo do qual eu não fazia parte, um clube do qual eu não era sócia. Socialmente, a vida delas mudou por completo, e todas estavam sempre ocupadas. A atenção dos meus amigos estava voltada para dar carona uns aos outros, festas de aniversário e mensalidades escolares, e eu estava atrasada no tempo. "Espera, então *não* temos mais a noite de jogos? Ei, pessoal, quem está livre para jantar no sábado? Ah, ninguém mesmo?"

Olhei para esses amigos e percebi que: Bom, *dã*, trabalhar é gratificante, mas não é tudo na vida, e não tem graça dormir pensando nisso. Demorei mais tempo para perceber isso porque eu não tinha a mesma urgência que eles tiveram para chegar a esse estágio, mas, então, um dia, de repente, entendi. Mais cedo ou mais tarde, eu acabaria me interessando por essas outras coisas. Mas sentia falta da época em que a maioria das pessoas da minha idade estava começando um relacionamento. Era como se eu tivesse lido errado os horários na Penn Station e todos os trens para a Vila dos Casais Felizes já tivessem saído. E lá estava eu, sem poder fazer nada a não ser ir a um bar com os empresários bêbados, tomar conta de uma cerveja quente e esperar que os trens voltassem. Esperei, esperei e esperei por eles.

Fui a casamentos sozinha, a festas que não estava a fim, "só por via das dúvidas", e, a alguns eventos, levei meu pai, meu primo Tim e meu querido amigo Sam como acompanhantes. "Quem está com você hoje à noite? Ahhh, seu pai de novo?", perguntavam os jornalistas, com expressões solidárias e reprovadoras. O único bom momento, em termos de homens, foi em um evento no qual conheci o Matthew Perry. Ele se tornou meu Amigo Que Quase, Mas Nunca Namorei por um bom tempo, ou AQQMNN. Todos nós provavelmente temos pelo menos um AQQMNN em nossas vidas. Meu AQQMNN é muito especial para mim.

Em algum momento daquela época, meu pai estava em um voo e viu uma mulher lendo uma revista na qual eu aparecia. "Essa é minha filha", disse ele, todo orgulhoso. A mulher se virou para ele com um olhar de pena e falou: "Por favor, diga a ela que eu só conheci o meu marido bem mais tarde... *Ela ainda tem tempo.*" Desconhecidos estavam preocupados comigo; para você ver por quanto tempo fiquei solteira!

Não há nada de errado em estar solteira, a não ser que, aparentemente, você seja uma atriz que dê muitas entrevistas. *Gilmore Girls* estava no auge, e eu era muito requisitada para entrevistas. Durante aqueles anos, quando a imprensa me perguntava se eu estava saindo com alguém, eu só respondia "Estou". Algumas vezes era verdade, e outras, não. De qualquer forma, não tive nada sério o suficiente para expor publicamente. Mas, com o tempo, eu me sentia cada vez mais vulnerável quando tinha de encarar essas perguntas. As revistas não gostam quando você conta pouco da sua vida pessoal — isso dificulta o preenchimento das páginas. Se dependesse delas, todo artigo seria recheado de fofocas e histórias envolvendo sexo, e eu não tinha como contribuir com nada sobre nenhum desses assuntos. Os repórteres pareciam ficar cada vez mais frustrados, e as entrevistas acabavam sendo menos sobre os projetos nos quais eu estava envolvida e mais uma reiteração levemente velada de "Juntem-se a nós hoje em mais uma tentativa de entender o que há de errado com esta pobre moça que parece não conseguir sair com ninguém!".

Eu não queria passar pelo tapete vermelho e revelar demais, no entanto já não sabia mais o que dizer ou o quanto contar. Você deve estar pensando que existe algum tipo de Escola da Fama na qual os atores aprendem a lidar com situações embaraçosas, mas não há. (Alguém entre em contato com a produção do *Shark Tank — Negociando com tubarões*!) Não foi a primeira vez que desejei que existisse alguém a quem eu pudesse recorrer ou uma barraca igual à da Lucy de *Charlie Brown e sua turma*, com uma placa dizendo O DOUTOR ESTÁ AQUI. Eu não estava procurando um curso de três meses, apenas um local onde pudesse parar quando precisasse de uma resposta rápida sobre como resolver problemas que nem mesmo sabia que existiam na época em que tudo o que sonhava em fazer como atriz era participar do coral do *Oklahoma*, uma produção de teatro regional. Como andar de saltos?! Não pesquise sobre si mesmo no Google nem procure dicas úteis! Como falar com o *Us Weekly* sobre seu relacionamento novo ou inexistente! Pegue um panfleto! Apenas cinco centavos!

Aprendi algumas coisas consideravelmente cedo. Se você tem planos de ser uma atriz que dá entrevistas com frequência, precisa começar a pensar agora nos seus produtos de beleza preferidos, baratos e maravilhosos que são vendidos em drogarias (brilho Chapstick, protetor solar Neutrogena, qualquer marca de óleo de coco), sua rotina de exercícios (spinning, ioga, caminhar pela ponte do Brooklyn), seu creme para pentear favorito (Davines, Oribe, óleo de coco), sua mais recente paixão platônica (nunca tenho uma resposta para isso... vamos dizer apenas "óleo de coco"), e, se você for apresentar algum prêmio, qual outro apresentador gostaria de conhecer. Mas certifique-se de pensar em alguém de antemão, senão, mesmo que esteja rodeado por dezenas dos seus ídolos, você pode ter um vergonhoso apagão: "Estou animada para conhecer, huh, aquele cara... daquele filme... com pessoas..."

No mínimo, essas perguntas serão feitas a você aproximadamente dez mil vezes, em cada entrevista, pelo resto da sua vida. Além de pedirem a você que revele detalhes íntimos sobre sua vida amorosa, também será frequentemente encorajado a fazer fofocas sobre seus colegas de elenco, e só haverá uma resposta aceitável: que vocês obviamente são uma família grande e feliz (mas disso, você, leitor esperto, já sabia). Então, depois de se esquivar dessa pergunta com sucesso, eles vão querer saber com quem foi seu melhor beijo técnico. NÃO RESPONDA. O resultado será uma matéria na qual você "quebra o silêncio" e declara o quão pavoroso foi beijar qualquer outra pessoa que não fosse aquela. Por fim, terá de contar sobre todas as brincadeiras que todo mundo supostamente faz no set toda hora. A maioria dos filmes e das séries de TV tem jornadas de trabalho muito longas, e ninguém que eu conheço prega peças nos sets, exceto talvez George Clooney, embora eu tenha quase certeza de que li isso em uma revista, então quem pode garantir? Aliás, quando estava fazendo *Gilmore Girls* pela primeira vez, esbarrei com o George algumas vezes no estacionamento, e ele sempre foi muito legal comigo e agia como se soubesse quem eu era e me tratava como se eu estivesse me comportando normalmente, o que era muito gentil da parte dele, dado o fato de eu estar sempre babando e falando nada com nada.

No entanto, isso não foi o suficiente para fazer com que ele falasse "Amal schlamal!" ou qualquer coisa do tipo, e os anos esquisitos que passei saindo com caras aleatórios — e minha dificuldade em explicá-los — continuaram. Uma vez, minha assistente me fez sair com um ator — a assistente dele era amiga dela. Ele queria me conhecer porque tinha visto o meu (mais ou menos real) rosto em um outdoor gigante no Sunset Boulevard. Você sabe, é muito comum ser chamado para sair por isso! Quando estava participando de um filme, tive um relacionamento divertido com uma pessoa que, no fim das filmagens, acabou revelando que tinha namorada. Igualzinho a como os seus avós se conheceram! Troquei um aperto de mãos com um cara bonito quando entreguei um prêmio a ele. Nos bastidores, conversamos rapidamente e rolou um clima. Ele pediu meu telefone, mas só foi me ligar três meses depois. Três meses. É claro que, quando ele finalmente ligou, eu disse, de forma bastante educada, que ele havia demorado muito e que eu não gostava de ser tratada daquela forma. HAHAHAHAHA. LÓGICO QUE NÃO! Saí com ele mesmo assim. Eu queria me guardar para homens respeitáveis, mas acabei cedendo a sujeitos não tão respeitáveis assim porque estava trabalhando muito e não tinha ideia de quando teria chance de conhecer outra pessoa. Uma coisa que aprendi foi: começar com padrões bem baixos é uma maneira rápida e infalível de garantir que eles sejam atingidos.

Como era de se esperar, nenhum dos meus relacionamentos que começaram na era do Vi Sua Cara Num Outdoor deu certo. Afinal de contas, quantas uniões bem-sucedidas e duradouras você conhece que começaram com as palavras "E o vencedor é..."? Além disso, se você aparece em um encontro depois de três horas fazendo cabelo, maquiagem e escolhendo a roupa, seu padrão está alto demais. Não há como evitar que os caras fiquem desapontados quando você revela seu verdadeiro eu mais tarde. "Ei, cadê aqueles peitos que me prometeram quando te vi no palco?", "Eles, hãã... ei, olha lá! Aquele não é o Ryan Seacrest?" No mais, se você já acha que atores pensam que são o centro do universo, imagine aqueles que estão em uma série que só existe para afirmar que eles são de fato tão incríveis quanto acham que são. Muita atenção, vários elogios e mulheres bonitas por todo lado trazem à tona o lado humilde de todo mundo!

O problema não era só com os caras que conheci. Sob vários aspectos, além de estar coberta por oitenta camadas de autobronzeador, a pessoa que eles conheceram também não era eu de verdade. Sabe quando antes de dar uma festa você limpa sua casa e organiza tudo para que todo mundo pense que você vive num ambiente assim o tempo todo? É mais ou menos isso que acontece quando você conhece alguém em uma premiação. É uma versão bem mais exagerada de um primeiro encontro com alguém que você quer impressionar. Você apresenta o seu lado que tem flores na mesa e cama sempre arrumada antes de qualquer outra coisa. Mas você eventualmente vai acabar cometendo um deslize e mostrando sua casa do jeito que ela é de manhã, quando estiver atrasada para o trabalho ou tentando encontrar uma roupa. E isso, sim, é um relacionamento. No fim das contas, todos que se aproximarem de você em algum momento vão abrir o seu closet no pior dia possível, e a reação da pessoa é que dirá se vai durar ou não. É impossível passar a vida inteira apertada em Spanx.

Quando comecei a trabalhar com o Peter em *Parenthood*, ele fez um monte de referências ao fato de que nós interpretávamos um casal de irmãos. Nossos personagens de fato eram irmãos, mas eu não entendia por que isso sempre vinha à tona. Ele me entregava um objeto cenográfico ou uma xícara de café e então meio que narrava: "Estou entregando uma xícara de café para a minha *irmã*. Minha *irmã* está bebendo café bem ali." Na segunda semana de trabalho, eu queria falar para ele "Já entendi, já entendi... Você não está interessado em mim *daquela forma*. Bom, eu não confio em atores bonitos, então está tranquilo!". Na verdade, acho que ele estava tentando se convencer de que não queria ter nada comigo. Naquela idade, provavelmente nós dois já havíamos tido alguns "showmances" que deram errado e transformaram o ambiente de trabalho em um lugar desconfortável. Mas, por fim, nossa cautela mútua cedeu sem muita discussão ou resistência... Meio que aconteceu. Mais uma coisa que aprendi sobre relacionamentos: há muito a ser negociado uma vez que você *realmente* conhece alguém... então, o início deve parecer fácil e inevitável.

Na época em que Peter e eu começamos a namorar sério, finalmente entendi como lidar com aquilo, e todas as minhas questões em relação a "público *vs.* privado" acabaram. Errado! Em vez de tornar a parte pública da vida mais fácil, tudo ficou ainda mais difícil. Eu realmente tinha alguém com quem me importava, e isso me fez ficar ainda mais preocupada em proteger aquela pessoa, nossa privacidade e nosso recém-adquirido status. Então me prendi ao meu antigo e confiável "Estou saindo com alguém", sem citar nomes, até que os jornalistas começaram a revirar os olhos na minha frente. Isso durou algum tempo, mas, eventualmente, as pessoas foram descobrindo, e as perguntas não paravam. Continuei negando, até que soube que um programa iria "dar a notícia de qualquer forma". O que fazer? Estava tudo certo para eu ir ao *Today* (oi, Savannah!), e me perguntaram se eu queria nos "anunciar" como um casal. Será que eu queria? A única coisa da qual tinha certeza era que eu me sentia estranha. Fui à *Ellen*, e ela mostrou uma foto de nós dois juntos e eu disse que sim, estava saindo com alguém, mas, em um momento de pânico, me referi a ele como "Fred". Ela havia acabado de mostrar *uma foto nossa*, com a minha permissão, mas, de alguma forma, naquela hora, aquilo pareceu muito pessoal. Era estranho até falar o nome dele. A Ellen olhou para mim como se eu fosse louca, mas felizmente eu já estava acostumada com isso, já que nossa relação é assim normalmente. Eu estava confusa. Ela estava confusa. Lucy, preciso de mais panfletos daqueles!

Ficar sem falar sobre o assunto não estava funcionando, mas fazer um "anúncio" de qualquer tipo me parecia tão errado — e grande e esquisito demais. Hoje em dia, para capturar sua atenção já ocupada, os noticiários em geral às vezes anunciam algo como se aquilo fosse uma declaração urgente ou uma confissão importante — algum segredo cabeludo sendo revelado, um exagero perto do que de fato é: *Hoje, uma atriz que vocês devem conhecer de uma série de TV a qual talvez já tenham assistido admite com relutância algo que pode ou não ser de seu ligeiro interesse.*

Depois de alguns meses de namoro, Peter e eu planejamos uma viagem para esquiar. Então ele me levou à REI. Eu nunca havia ido a uma loja REI e não sabia o que a sigla significava ou o que era vendido lá. Perguntei por que tínhamos de ir àquela loja, e ele quis saber onde eu imaginava que as pessoas compravam roupas para caminhar ou escalar, então respondi "Hmmm, não é na Barney's?". Não, Lauren, não é na Barney's. O que eu estava prestes a descobrir na REI me deixaria boquiaberta — e, estranhamente, me ajudaria a entender melhor o show business.

Em primeiro lugar, a placa na entrada diz WI-FI E INSPIRAÇÃO GRÁTIS. Uau. Fiquei impressionada com a oferta, que já era algo melhor que alguns hotéis legais nos quais me hospedei. Na verdade, se você for à REI neste exato momento, provavelmente me encontrará na seção de camping de luxo, checando meus e-mails e comendo melancia desidratada!

Não demorei muito para perceber que todo mundo que trabalha na REI se chama Tad. Tad tem zero por cento de gordura corporal e um bronzeado de dar inveja. Pela forma divertida com que Tad descreve os níveis de absorção dos Shammie Wowzas no caixa, pode ser que você pense que ele está drogado. Mas Tad jamais usaria drogas, principalmente com todo o ar fresco que existe no mundo! Tad e todos os seus colegas de trabalho, que também se chamam Tad, usam coletes iguais, decorados com presilhas e ganchos. Você deve estar se perguntando se os Tads saem do trabalho usando aqueles coletes idênticos ou se eles são apenas parte de alguma seita cujos membros adoram pescar. Tad está sempre feliz e otimista. A única vez em que vi Tad um pouco para baixo foi quando falei que achava que todos os sacos de dormir eram iguais. Não fique triste, Tad! Agora eu sei um pouco mais sobre o assunto. Toda comida vendida na REI vem com a palavra "fibra" na embalagem, e tudo o que eles têm lá possui um nome durão ou assustador: o Executor, o Ladrão, o Desbravador, o Destruidor. Não, não são nomes de planos de ataques militares — são apenas meias impermeáveis!

Sempre fui uma daquelas crianças típicas da Costa Leste que se recusava a abotoar o casaco. Passei frio na maior parte dos anos oitenta. Na faculdade, usava um sobretudo masculino fino e vintage que havia comprado por 12 dólares na Screaming Mimi's — quem se importava em se manter aquecido? Mas agora eu estava namorando uma pessoa que havia crescido no Centro-Oeste, onde o frio não é brincadeira e onde as pessoas se preparam para enfrentar o clima, a não ser que seja um idiota. Peter sabe tudo sobre coisas ao ar livre, como, por exemplo, o que fazer se você vir um urso (correr? Não correr? Sempre esqueço). Se quiser conversar sobre classificação da resistência aerodinâmica ou sobre como reduzir a transpiração, eu tenho o cara certo para você! Ele também já tentou me explicar um milhão de vezes por que água morna congela mais rápido que água fria, o que me confunde tanto que minha reação é sair correndo pela casa gritando: "Eu sou formada em inglês! Escrevi uma dissertação sobre Tennyson!" Mas, na REI, com a ajuda do Peter e dos Tads, comprei várias malhas térmicas e uma boa jaqueta de esqui, além de meias chamadas Aniquiladoras, Juízos Finais e Fazedoras de Viúvas.

Durante essa viagem, permaneci aquecida e seca. E percebi, pela primeira vez na vida, que ficar lá fora na neve não significa que seus dedos dos pés irão cair. Não podia imaginar que existisse tamanho conforto! Comecei a comprar tantas roupas esportivas que acabei fazendo um cartão fidelidade da REI. Minhas cordas elásticas agora valem pontos!

Seja sozinho ou por meio de outra pessoa, é maravilhoso conhecer algo que você não sabia que precisava. Ao descobrir as maravilhas da REI, me dei conta de que enfrentar situações públicas e delicadas sem estar preparado era bem parecido com encarar o inverno de Nova York ou esquiar com meu casaco de 12 dólares da Screaming Mimi's desabotoado. Queria ter aprendido isso antes, mas, de diversas formas, agora sei mais sobre camadas protetoras do que antes. Aprendi que um pouquinho de disposição ajuda muito quando se trata de encarar as intempéries, sejam elas a chuva, a neve, ou o *Access Hollywood*. Aprendi também que é bem mais fácil se livrar de uma camada de roupa, caso ache que não é necessária, do que vestir mais uma. Se você já se expôs, talvez seja um pouco tarde.

A família do Peter é da Carolina do Norte, e a primeira vez que viajei com ele para lá parei no meio do aeroporto do condado de Sonoma. Lá, no meio do saguão, havia uma cabine da Lucy em tamanho real com uma placa que dizia O DOUTOR ESTÁ AQUI. Charles Schulz era daquela região, e tinha um monte de personagens do *Charlie Brown e sua turma* ali. Na cabine da Lucy havia muitos panfletos de viagem e mapas que indicavam vinícolas (em vez de conselhos para atores), mas, mesmo assim, considerei sua existência algo reconfortante e sua presença, um sinal positivo.

Na semana passada, uma das bolas de golfe do Peter caiu, assim que abri a porta do carro, e saiu rolando em direção à rua. Na mesma hora pensei que, algum tempo atrás, isso teria sido um acontecimento e tanto. Hoje, dentro do meu carro não só tem bolas de golfe aleatórias como também chapéus de sol cáqui que parecem aqueles usados por caçadores de borboletas, uma enorme variedade de bandanas, aqueles óculos de sol que servem apenas para proteger os olhos durante um jogo de tênis e livros de poesia com várias orelhas. Agora já acho normal esse tipo de coisa. Naquela época, se um cara deixasse uma bola de golfe no meu carro e ela saísse rolando, isso certamente desencadearia uma série de ligações frenéticas para as minhas amigas: "Ele deixou uma bola de golfe no carro. Simplesmente *deixou* lá. O que isso significa? O QUE ISSO SIGNIFICA? Será que eu devia mandar uma mensagem para ele? Eu DEVIA, não? Ele provavelmente está procurando a bola EM TODOS OS CANTOS." Eu gostaria de ter curtido mais meus dias de solteira e passado meu tempo livre lendo, tentando ser uma fotógrafa melhor ou algo do tipo, e não ter me preocupado tanto com bolas de golfe.

Porque é o seguinte: eu estava bem sem outra pessoa, assim como você. Mas às vezes pode ser difícil quando uma pessoa se sente pronta para estar na Vila dos Casais Felizes mas, ao que tudo indica, perdeu o trem. Quando eu dividia com meu amigo Oliver Platt minhas esperanças e meus sonhos, ele costumava me dizer: "Está vindo, mas não no *seu* tempo." Considero isso um lembrete útil de várias formas: não só quando você gostaria de conhecer alguém mas também quando espera conseguir um trabalho melhor ou quando tudo o que quer é um descanso em tempos difíceis. Quando Peter e eu nos demos as mãos naquela noite, há tantos anos, não passava pela minha cabeça que um dia acabaríamos fazendo compras juntos na REI. Poderia ter sido legal se ele tivesse virado para mim e dito: "Olha, hoje não é o momento, mas vamos sair daqui e aprender um monte de coisas que farão isso dar certo daqui a mais ou menos cinco anos... Te vejo mais tarde!" Mas a vida não tem o hábito de dar tudo de mão beijada, ou de dar a você exatamente o que você quer naquele momento, senão ela não se chamaria vida, e sim máquina de vendas.

É difícil dizer exatamente quando uma coisa vai acontecer, e é verdade que, não importa o que você esteja buscando, talvez não aconteça no momento no qual aposte todas as suas fichas, mas, algum dia, em breve, um trem virá. Na verdade, talvez ele já até esteja a caminho. Só que você ainda não sabe disso.

Dias de trabalho

• • • • • • • • • • • • •

Tenho sido muito sortuda por trabalhar para tantos escritores maravilhosos na televisão e no cinema. Estive em diversos clássicos e musicais no teatro, atuei em várias obras de Shakespeare e — durante a graduação — estudei a fundo as obras de Tchekhov e Ibsen. E é por isso que sinto que posso confiar na minha capacidade e garantir a você que, sem dúvida, a fala mais desafiadora já criada para ser interpretada em um diálogo é "Bem-vindo ao Chili's!". Hamlet uma ova... Vá em frente e tente dizer *isso* em casa.

Nesta curta frase, você deve transmitir felicidade, saúde, hospitalidade, higiene, valores familiares e uma batata que será bem-cozida — tudo isso sem nenhum traço de cinismo. Se não levar isso em consideração correrá o risco de parecer um adolescente chateado que foi forçado a aceitar um emprego durante o verão. Exagere e poderá soar arrogante de um jeito que, acidentalmente, passa a ideia de que pensa que aquele lugar não é bom o suficiente para você e que ainda está com raiva por ter de interpretar o papel de uma recepcionista no Olive Garden.

Por anos, antes mesmo de eu ser pelo menos escalada para um papel "de verdade", fiz testes para comerciais e acabei gravando vários. Alguns atores que conheci na época achavam que fazer comerciais não era muito legal. Para eles, comerciais não eram artísticos o suficiente. Alguns temiam que passar vários dias seguidos segurando um pote de manteiga de amendoim e sorrindo loucamente pudesse lhes garantir maus hábitos como atores. Para mim, a rotina de testes quase diários me ajudava a lidar melhor com o nervosismo, a me preparar para quando algo grande aparecesse. Eu me arrastava do Brooklyn até a cidade com a minha mochila gigante, na qual sempre levava uma camisa azul de brim (para interpretar mães e outras pessoas que se preocupavam com detergentes) e um blazer preto (para interpretar jovens profissionais que tendiam a se importar mais com carros e bancos) e, mesmo quando não conseguia o papel, sentia que havia feito algo naquele dia. Eu curtia a sensação de estar trabalhando, mesmo que não fosse exatamente *Hedda Gabler*. O único limite que eu me impus em termos artísticos foram comerciais de higiene feminina. Não tinha certeza se faria ou não sucesso como atriz, mas, mesmo se não fizesse, eu não queria ser imortalizada em uma cena na qual monto em um cavalo em uma praia enquanto o sol se põe me sentindo "fresca".

Durante esse tempo, frequentemente, quando não estava interpretando alguém cuja maior preocupação na vida era suas mãos ressecadas por lavar louças, trabalhei como figurante. Isso envolvia receber por volta de 100 dólares para fingir ler o rótulo de uma lata de atum no corredor de um mercado de mentirinha, bem no fundo da cena da pessoa que de fato foi contratada para reclamar das *próprias* mãos ressecadas. Em cada um dos comerciais para os quais fiz teste, éramos aconselhados pelo pessoal responsável pelo elenco a falarmos olhando para a câmera "como se estivesse falando com a sua melhor amiga". Na vida real, se eu tivesse passado mais de dez segundos falando das minhas mãos ressecadas, do quão deliciosa certa refeição congelada era (mesmo com um terço a menos de calorias!), ou de como meus cabelos estavam realmente sedosos e comportados ultimamente, não teria nenhuma amiga.

Naquela época, era uma luta se manter em circulação em Manhattan. (Como os tempos não mudam!) De vez em quando, havia um comercial que ficava no ar tempo o bastante para que eu pagasse as contas por alguns meses, mas criei a regra de que teria um emprego durante o dia até que não desse mais para conciliar meu trabalho como atriz com ele e eu tivesse de largá-lo. Mas, enquanto lambia pasta de dentes cenográfica pela milionésima vez, eu me perguntava se esse dia realmente chegaria.

Durante um fim de semana do Dia do Trabalho, há alguns anos, Peter e eu fomos convidados para uma festa na casa do Larry Owen, um professor dele de faculdade. Em homenagem à data, Larry pediu às pessoas que escrevessem em um papel todos os trabalhos que já haviam feito para ganhar dinheiro. Na festa, todos compartilharam suas listas, o que acabou resultando em conversas animadas. Entre os empregos de Peter estavam: removedor de neve, lanterninha de cinema e zelador em um lugar chamado Chopstick Inn. Ele trabalhou em uma barraca de *fish and chips* na feira estadual, vendeu livros da Time Life por telefone e já foi revisor no turno da noite do Merrill Lynch. Entregou pizzas, trabalhou como chef no Bennigan's preparando pratos frios e cuidou de gramados para um paisagista. O que menos gostou foi de trabalhar com isolamento térmico de casas... Ele sempre voltava para casa meio irritado. Um dos seus favoritos foi como barman na Broadway, onde conseguia assistir a peças de graça e trabalhar ao lado de um desconhecido aspirante a autor chamado Aaron Sorkin. (Sempre me pergunto o que aconteceu com esse cara.)

Durante um verão em Minnesota, estado natal de Peter, ele trabalhou se apresentando com fantoches em um palco móvel próprio para isso. Prendia o carrinho dos fantoches em seu carro e ia de parque em parque dirigindo e entretendo as crianças. Um dia, o gancho se soltou e o carrinho virou, espalhando os fantoches por toda a Country Road C. A polícia apareceu para verificar o que tinha acontecido. "A papelada vai demorar um pouco", disse um dos policiais. Peter, nervoso por saber que iria se atrasar para a apresentação seguinte, perguntou por quê. O homem indicou com a cabeça os corpos dos fantoches espalhados. "Temos várias baixas aqui", disse ele, brincando.

No ensino médio, limpei estábulos em um celeiro que ficava no meu bairro e fui motorista de um ônibus escolar de acampamento de verão. (Sim, troquei "dirige com câmbio manual" por "motorista de ônibus habilitada" no meu currículo na parte de habilidades especiais. Ainda assim, estranhamente, ninguém se interessou.) Um dos meus primeiros empregos fixos, no verão anterior ao meu primeiro ano de faculdade, foi como recepcionista em um salão de beleza. Parecia que eu havia pegado algum tipo de doença de tanto que via as pessoas arrumando os cabelos o dia todo. Quando comecei a trabalhar lá, meu cabelo batia no meio das costas e, quando chegou a hora de ir para a faculdade, tinha cortado praticamente tudo. Destruí todas as minhas fotos nas quais eu estava com aquele corte há muito tempo — é uma pena para você —, mas, para dar uma ideia da situação, aqui vai a foto que entreguei ao cabeleireiro para servir de inspiração para o que eu queria:

Dentro de algumas décadas, historiadores ainda estarão debatendo se foi o peso extra que ganhei no primeiro ano de faculdade ou se foram as costeletas desenhadas com navalha o que me fez não sair com nenhum cara sequer naquele ano!

Durante a faculdade, servi mesas, fui lanterninha em um teatro Off-Broadway e passei noites de sábado em uma cadeira dobrável dentro de uma cabine como guardadora de volumes. Fui assistente em um jardim de infância, e eu devia estar surtada naquela época, já que — como você deve se lembrar — pulei o jardim de infância e não tinha a menor ideia do que as crianças faziam lá. E arrumei livros na biblioteca de direito da Columbia, um emprego que escolhi especificamente para conhecer homens, mas acabou sendo um fracasso, pois, diferentemente das bibliotecas de graduação que havia frequentado, as pessoas de fato estudavam lá.

Depois da faculdade, trabalhei na Barney's de Nova York, e eu gostaria de pedir desculpas atrasadas pelo que quer que você tenha comprado comigo ao ouvir de mim que aquela mercadoria era o item perfeito para usar no escritório de advocacia no qual trabalhava. Eu não conheço muitos escritórios, e na época provavelmente pensava que um moletom rosa fluorescente com capuz e sandálias Anabela de palha diriam que você não só era uma boa advogada, como também, mais importante ainda, era "divertida". Fui, além disso, garçonete em um *comedy club* chamado Improv, na rua 46. Dave Attell, um excelente comediante, trabalhava na portaria naquela época e, dos fundos da sala escura, em meio a um drinque e outro, assisti a um jovem Ray Romano fazer stand-up. Agora, sempre que tocamos nesse assunto, ele me pergunta a mesma coisa — Ray sempre esquece que já me perguntou isto: "Eu dei em cima de você?" Bom, não, Ray, não deu. Apesar de as minhas costeletas já terem crescido àquela altura.

Em um verão durante a faculdade, morei em Chicago. Minha amiga Maria e eu conseguimos empregos no famoso restaurante Ann Sather, onde trabalhávamos atrás do balcão de rolinhos de canela toda manhã, a partir das cinco. Vendíamos apenas dois produtos — rolinhos de canela e café —, então os dias eram bastante monótonos. Mas, certa vez, nos demos conta, depois da correria matinal, de que alguém havia deixado uma bolsa aberta sobre o balcão com o que parecia um saco enorme de cocaína dentro. Demos uma olhadinha no interior da bolsa, procurando qualquer pista que pudesse nos ajudar a encontrar o dono. Pode parecer estranho termos mexido na bolsa de alguém depois de encontrarmos drogas nela, mas a princípio não tínhamos certeza do que era, já que nenhuma de nós havia visto cocaína pessoalmente, só em filmes. Mas por fim chegamos à conclusão de que sim, era isso mesmo, e tudo bem — era emocionante! Resolvemos esse caso de primeira — Cagney e Lacey deviam se sentir assim o tempo todo! Foi só então que uma mulher muito pálida e suada veio até o balcão. "Hmmm, com licença. Vocês encontraram uma, hmmm...?". Ela gaguejava, e seus olhos se moviam de um lado para o outro de tanto nervosismo. Assentimos e entregamos a bolsa para ela. A mulher colocou uma nota de 50 dólares na caixinha e saiu apressada. Não passou pela nossa cabeça até bem depois que devolver drogas aos seus portadores em vez de ligar para a polícia significava que éramos cúmplices. Além disso, concluímos que pessoas que podem pagar por enormes pacotes de cocaína deveriam se sentir bastante constrangidas ao deixarem menos de 100 dólares na caixinha.

Depois do espetáculo que a minha turma da escola de atuação realizou em Nova York após a formatura, eu finalmente consegui um agente. Mas por um bom tempo não consegui nada com os poucos testes que fiz. Então dei aulas de preparação para o teste SAT, ia dirigindo meu Honda Accord verde e velho a lugares como Far Rockaway e Staten Island. Também trabalhei para um bufê, fiz demonstrações de Uno em uma feira anual de brinquedos, e por um dia muito longo e úmido vesti uma fantasia de cachorro gigante para ser o mascote de uma convenção de futebol da Copa do Mundo. Levei metade do dia — dentro da fantasia — para me dar conta de que não precisava sorrir quando tirava fotos com as pessoas, pois elas não conseguiam ver o meu rosto através da cabeça gigante que eu estava usando e, de qualquer forma, meu sorriso já estava estampado no bigode preto e com muitos pelos. Além disso — caso você esteja se perguntando —, não, não é legal quando alguém bate, todo feliz, na lateral da sua cabeça de cachorro e pergunta: "Está quente aí dentro?" Sim, senhor. Sim, está. No mais, até entendo que seus amigos achem engraçado, mas, por favor, pare de me coçar atrás da orelha.

Por fim, depois de três anos conseguindo apenas comerciais e algumas falas aqui e outras ali em novelas, fui chamada para um papel coadjuvante em uma peça na George Street Playhouse, em Nova Jersey — meu primeiro trabalho do sindicato desde o papel como Pisca-Pisca Senhora com Lentes de Contato Ressecadas no verão! Prontamente pedi demissão do restaurante mexicano no qual estava trabalhando em Park Slope, no Brooklyn. Meu chefe, Joe, foi muito tranquilo em relação a tudo e disse que eu era bem-vinda se quisesse voltar a qualquer momento, o que não só era legal da parte dele mas também provava que ele não sabia quantas margaritas eu tinha servido de graça para todos os meus amigos. *Será* que eu voltaria?, perguntei a mim mesma. Ou a fase de empregos diurnos da minha carreira havia finalmente chegado ao fim?

Gostaria de dizer que todas aquelas horas que passei fazendo coisas que eu *tinha* de fazer para sobreviver — para chegar cada vez mais perto daquilo que sempre *sonhei* — também me garantiram habilidades úteis que levei comigo para a vida. Gostaria de dizer aqui que, graças àquele primeiro emprego e àquele corte de cabelo horroroso que acabei fazendo, Steven Spielberg me parou na rua querendo saber onde eu havia conseguido minhas costeletas pontudas e uma habilidade tão incrível para atuar. Só que isso nunca aconteceu! O que levei de todos os meus diversos trabalhos, até onde posso dizer, foi:

1. Não jogue fora nenhuma foto horrorosa sua — você pode precisar usar alguma no seu livro um dia.
2. Exija mais dinheiro quando devolver drogas para desconhecidos.
3. Fantasias de cachorro são quentes demais.
4. Ah, e graças àquele único verão em que trabalhei na Benetton, sou, até hoje, a pessoa que pergunta se você precisa do seu casaco perfeitamente dobrado. Dezenas de trabalhos, uma habilidade de verdade!

Na festa do Dia do Trabalho, todos que estavam lá criaram um vínculo por causa das histórias que dividimos sobre "aquele emprego horrível que eu tive". Nem todos os casos foram sobre coisas terríveis que aconteceram no trabalho, mas os melhores, sim. Talvez seja por isso que de vez em quando você veja atores em talk shows divertindo os apresentadores com histórias que começam com "aquela vez em que fui bem-pago por um trabalho do qual gostava muito". Há mais graça no fracasso que no sucesso, e isso é uma linguagem muito mais universal. Na festa, os piores empregos também pareceram ser aqueles dos quais as pessoas mais tinham orgulho de terem encarado. É uma realização fazer algo bem, mas talvez seja uma realização mais gratificante fazer bem alguma coisa quando, na verdade, você não tem vontade nenhuma de fazer aquilo.

Há alguns anos, voltei à minha antiga vizinhança no Brooklyn e, quando dobrei uma esquina, lá estava meu antigo chefe, Joe, parado em frente ao restaurante mexicano, como se o tempo não tivesse passado.

— Ei! Eu trabalhava aqui! — falei.

— Eu sei — disse ele, como se tivesse me visto ali ontem mesmo servindo mesas.

— Esse foi meu último emprego antes de começar a trabalhar como atriz — contei.

— Eu sei — comentou Joe.

— Servi um monte de margaritas de graça — confessei.

Joe revirou os olhos.

— Eu sei — disse ele novamente, mas sorrindo.

Olhei para dentro do restaurante e vi que quase nada havia mudado, o que era estranhamente reconfortante. Isso fez com que fosse ainda mais fácil me imaginar lá, em 1995, quando eu me arrumava de qualquer jeito, usava gel Dep verde, fru-frus e leggings que prendiam nos calcanhares. Percebi que, mesmo que aquele não tivesse sido meu emprego dos sonhos, eu realmente gostava de trabalhar naquele restaurante. A regra que criei para mim mesma sobre manter um emprego durante o dia até que conseguisse me sustentar como atriz foi boa. Usar uma fantasia de cachorro não foi divertido, mas aceitei porque ganhei mais dinheiro do que normalmente ganhava em um dia inteiro de trabalho, e eu não era tão orgulhosa a ponto de recusar.

Talvez tenha sido por isso que o professor Owen nos pediu para escrever aquelas listas: para relembrarmos onde começamos e compartilharmos histórias sobre como conseguimos chegar tão longe. Retornar para onde quer que tenha sido nosso Brooklyn pessoal, olhar pela janela do restaurante mexicano e relembrar como éramos jovens e ansiosos.

Então, bem-vindos ao Chili's, pessoal! Não importa se vocês estão falando isso de verdade ou apenas tentando conseguir o papel, digam bem alto e com orgulho.

Não julgai para que não sejas um juiz em *Project Runway*

• • • • • • • • • • • • •

Minha vida na moda

Como você provavelmente já sabe, com frequência apareço nas listas dos mais bem-vestidos, sou constantemente elogiada por "mandar bem" e "arrasar" no tapete vermelho, e ter o contato do Zac Posen na discagem rápida. Espere. Essa não sou eu, é a Cate Blanchett! Mas, obviamente, no geral, sou uma figura popular no cenário da moda e de vez em quando sou flagrada ostentando roupas enviadas para mim por designers famosos, enquanto estou sentada ao lado da Anna Wintour na primeira fila dos desfiles mais badalados da New York Fashion Week, antes de cair na balada com um dos sete integrantes da família Kardashian. Espere. Essa não sou eu, é a Gigi Hadid! Espere. Essa também não é a Gigi, porque ela é uma supermodelo de sucesso que provavelmente estaria *na* passarela. Bem, seja lá quem estiver ao lado da Anna na primeira fila é provável que esteja animadíssima por ocupar esse assento de honra. É possível que ela também esteja com fome e com os sapatos muito apertados. E, seja lá quem for ela, não sou eu. Mas, por alguma razão, sempre esqueço que não sou uma pessoa ligada à moda. Porém, de vez em quando, até tento ficar mais antenada no assunto. Quem sou eu? Quando o assunto é moda, não tenho muita certeza.

Meu pai tem 1,92m de altura, é magro e atlético, então, mesmo que não se esforce muito para isso, tudo o que veste cai muito bem nele. Durante o ensino médio, foi eleito o aluno mais bem-vestido do colégio, que era uma instituição católica, onde todos os estudantes usavam uniformes. Então não sei exatamente como o meu pai fez para se destacar ou o motivo de a escola atribuir aquela nomeação a um garoto entre centenas que usavam blazers azul-marinho idênticos. Mas só posso concluir que ele era tão naturalmente elegante que, de alguma maneira, parecia mais bem-vestido que seus colegas, embora todos usassem a mesma roupa.

Por isso, suponho que meu pai foi meu primeiro ídolo na moda, o que só é desconcertante quando eu me lembro de que fui uma pré-adolescente que aprendeu tudo sobre como se vestir com um advogado alto e engomadinho por volta dos 30 e poucos anos. Isso foi na década de oitenta, em Washington, D.C., o que significava que entre minhas peças básicas estavam calças de veludo de cintura alta, botas L. L. Bean e algo entre uma ou 47 camisas, usadas uma em cima da outra, com colarinhos de diversas cores. Minha gola rulê ficava amassada e para cima ou, às vezes, perfeitamente dobrada para baixo! O colarinho das minhas blusas Izod de vez em quando ficava para baixo, a menos que estivesse para cima, é claro! Isso me rendeu várias opções divertidas, as quais, independentemente da combinação, garantiam que eu ficasse superaquecida e volumosa — não tinha como dar errado.

Depois de um tempo, em vez de simplesmente me deixar influenciar pela moda da empresa de advocacia do meu pai e continuar a reinterpretá-la durante a adolescência, passei apenas a eliminar o intermediário e usar as roupas dele. Naquela época, eu não gostava nem um pouco de vestidos, e me lembro de ter tido de comprar uma saia para o recital da banda da oitava série porque não tinha nenhuma. Tudo bem, eu era quase um menino. Mas aqui estou eu, com uma camisa social branca do meu pai que ele usava com um terno para trabalhar. Então, presumo que todo o tecido que ficava sobrando tenha sido enfiado dentro das minhas calças de veludo Levi's (provavelmente masculina), escondendo qualquer silhueta feminina que estivesse se esforçando para aparecer.

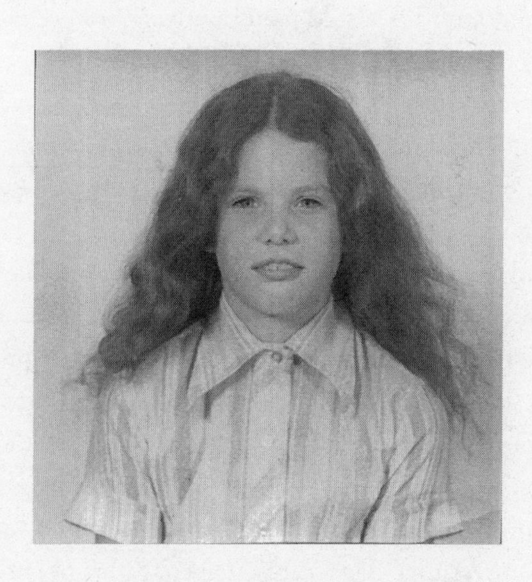

No final da década de setenta e início dos anos oitenta, a Gap, onde eu comprava a maior parte das minhas roupas — que tinham o mesmo estilo das do meu pai —, ainda não era a loja de shopping moderna e onipresente que conhecemos; estava mais para um lugar onde operários compravam o básico. Na época, eles nem ao menos tinham roupas de marca própria. A Gap era especializada em camisas de flanela xadrez, criadas por designers desconhecidos, e Levi's ásperas que precisavam ser lavadas vinte ou trinta vezes para que não ficassem de pé sozinhas. Roupas no estilo Luke Danes. Jeans skinny ainda não existiam, mas já sabíamos que calças com pernas retas não eram tão atraentes quanto poderiam ser, então algumas garotas com as quais estudei ajustavam a costura dos seus jeans. Eu tinha um espírito livre demais (desorganizado) para tamanha futilidade, então, em vez de costurar as minhas calças para deixar as pernas mais justas, eu dobrava o tecido para dentro ao longo da costura e GRAMPEAVA AS DUAS PARTES. Meu visual era um misto de garoto gordinho e Office Depot.

No entanto, sempre gostei da *ideia* da moda e de ser elegante e, conforme fui ficando mais velha, senti que era minha responsabilidade pelo menos tentar — talvez em parte por causa da tendência de os atores serem não somente artistas mas também marcas de algum tipo. Aparentemente, hoje em dia não é suficiente ser apenas um bom ator. Você precisa ser também um ícone da moda, porta-voz da limpeza intestinal e designer de alguma linha de fantasias para cães acima do peso. Seu são-bernardo já foi ignorado por tempo demais!

Na minha família, há diversas mulheres que se vestem muito bem. Minha mãe é capaz de pegar uma peça qualquer em uma arara de liquidação e torná-la parte de uma combinação elegante. Tanto Karen, minha madrasta, quanto Maggie, minha irmã, têm um olho incrível para estampas e acessórios divertidos. Minha irmã Shade está sempre chique em sua paleta de cores de Nova York, que vão do preto ao preto. E meu irmão Chris, assim como meu pai, tem o estilo clássico da Costa Leste. Está no meu sangue, ou pelo menos foi do que tentei me convencer repetidamente. Aqueles primeiros vinte e tantos anos de camisas masculinas e tênis Stan Smith foram minha fase dormente, mas eu sabia que a Lauren Lançadora de Tendências estava em algum lugar ali dentro só esperando para sair.

Então, em um início de verão, quando surgiu o convite para eu ser jurada em um dos meus programas preferidos, o *Project Runway*, na mesma hora achei que meu destino na moda havia finalmente me encontrado. Peter e eu tínhamos ido passar o fim de semana em East Hampton, então não apenas o convite foi emocionante por si só como também ganhou um brilho dourado de praia, como se fosse um filme da Nancy Meyers. Ui, ui, olhe para mim! Caminho descalça pela praia, usando um chapéu de palha pelo qual paguei 9 milhões de dólares na Calypso da Main Street! Comprei esse café gelado na Once Upon a Bagel em Sagaponack! Passo férias nos Hamptons! Sou jurada do *Project Runway*! De quem é essa vida — da Bethenny Frankel? Depois de todos aqueles anos árduos em Manhattan, usando meus Reeboks pretos e fofos de cano alto, agora estou definitivamente arrasando como nova-iorquina!

O episódio para o qual fui convidada era a estreia da décima temporada. Soube que Pat Field, a incrível estilista de *Sex and the City* também seria uma das juradas convidadas, junto com os habituais Michael Kors e Nina Garcia e, é claro, a supermodelo e apresentadora do reality show, Heidi Klum. Só de imaginar as pessoas que eu teria como companhia já fazia com que eu me sentisse mais bem-vestida. Consegui emprestado um vestido Michael Kors para a gravação, e profissionais elegantes fizeram meu cabelo e minha maquiagem. Na época, aquilo era algo incomum para mim, mas eu sonhava que, na minha vida fashion, chamaria um dia daqueles de "terça-feira".

Por ser o primeiro episódio da temporada e o aniversário do programa, a produção montou uma passarela especial no meio da Times Square para que os fãs pudessem participar durante uma parte do programa. Fui levada até o local em uma limusine com a Heidi, que foi extremamente simpática e acolhedora comigo. Ela acenava pela janela aberta e sorria para as fotos no meio da Times Square. As pessoas estavam eufóricas por vê-la. Nos bastidores, conheci o Tim Gunn, que foi gentil e agradável. "Que forma mais encantadora de começar nossa temporada", disse ele ao me cumprimentar. Fiquei vermelha na hora.

Nós, os jurados, nos sentamos em uma fileira de cadeiras perto da passarela e recebemos fichas para anotar nossos comentários. Heidi e Tim deram boas-vindas à plateia e anunciaram o início da temporada. A multidão vibrou. Uma música alta ecoou pelas caixas de som. O programa havia começado.

A parte do desfile da qual mais me lembro foi NADA. EU NÃO ME LEMBRO DE NADA. AH, MEU DEUS, O QUE ACONTECEU? O programa terminou no que pareceu um piscar de olhos. Antes daquela noite, minha concepção de "programa" envolvia pipoca, um intervalo ou talvez queixas sobre a duração desnecessária daquela cena específica no segundo ato. O programa terminou antes mesmo que eu tivesse tempo de me sentir desconfortável na minha cadeira dobrável. Além do mais (e isso não será um choque para ninguém), as modelos faziam tudo parecer incrível. Eu havia acabado de assistir ao grupo de meninas mais lindas do mundo passar na minha frente... Quem dava a mínima para o que elas estavam vestindo? Ah, supostamente, eu.

Os demais jurados se levantaram e começaram a refletir sobre o desfile enquanto eu, em um estado de pânico total, torturava meu cérebro em busca de detalhes, tentando pensar em qualquer coisa que conseguisse extrair do borrão que havia acabado de vivenciar. Hmmm, tá, pense, pense. Aquela modelo estava usando... *calças*, eu acho. Será que era isso mesmo? Ou seria algum tipo de *saia*... Não, calças, não é? Essas foram minhas impressões detalhadas da moda. Então alguém veio recolher nossas fichas. Olhei para os cartões nas minhas mãos e, com o coração acelerado, me dei conta de que não havia escrito quase nada neles.

— Espere, nós... Essas são as pontuações? Temos que entregá-las *agora*? — perguntei a Nina, boquiaberta.

— Sim — respondeu ela, toda simpática. — O que você achou do desfile?

Dei um sorriso idiota para ela, esperando que parecesse "alta-costura", murmurei algo tipo "Uau, foi... com as roupas, criação!" e olhei de novo para as minhas fichas praticamente em branco. O mais rápido que pude, escrevi o máximo que consegui me lembrar do que tinha acabado de ver e dei algumas notas aleatórias. Até agora, eu não sei dizer qual era o sistema de notas ou como a pontuação funcionava. Foi como se tivesse me dado um branco fashion. Era de 1 a 10? Ou de 0 a 100? O x gigante que usavam no *America's Got Talent*? Não faço a menor ideia.

Quando voltamos ao estúdio, eu fiquei um pouco mais calma. Era emocionante estar em um cenário que eu considerava tão familiar depois de ter assistido a todos os episódios. Os jurados trabalhavam juntos havia anos, então o clima era leve, com risadas e conversinhas enquanto esperávamos o bloco seguinte começar. Os competidores entraram no palco, um a um, e ficaram ao lado de cada modelo que usava suas criações.

A primeira coisa que percebi foi o quão perto estávamos dos competidores. A distância era quase desconfortável. Muito menor que a impressão que temos vendo pela televisão. Ainda assim, longe demais para conversa fiada. Seja qual for a distância que torne essas duas coisas possíveis ao mesmo tempo, era algo que eu jamais havia experimentado. O efeito dessa intimidade distante e estranha significava que todo mundo meio que tinha de olhar um para o outro sem dizer muito entre as críticas. Além disso, para conseguir aqueles ângulos de perto, eles colocam a câmera em um tipo de braço mecânico móvel — mas antes eles nos avisam que aquelas descidas demoram um pouco. Então, entre uma crítica e outra, a câmera sobrevoava o cenário em círculos, como uma espécie de helicóptero bêbado, capturando as reações de cada competidor e, em seguida, dos jurados. A produção havia pedido a nós que sustentássemos nossas reações o máximo possível até que a câmera focasse em nossos rostos. Por acaso você já teve de sorrir para uma foto tirada por alguém que não sabe como a própria câmera funciona? Então, era vinte vezes mais lento que isso. Minha boca começava a tremer quando eu tentava segurar um sorriso. Durante um desses momentos estranhos em que tínhamos de ficar "congelados", uma das competidoras sorriu para mim e balbuciou as palavras "Eu te amo", e tentei ao máximo agradecer enquanto também mantinha meu rosto imóvel de manequim.

Infelizmente, quando chegou o momento de os jurados darem suas opiniões, a mesma menina acabou ficando entre os três últimos colocados. Essa parte também foi meio que um borrão. Diante de muitos anos como espectadora, arrisco dizer que a Nina falou algo sobre uma peça ser semelhante a "Dior nos anos setenta", Michael comentou que um tecido parecia um "capacho do banheiro de uma fraternidade" e Heidi achou um dos vestidos "triste demais". Quando chegou a minha vez, tentei bolar uma opinião que também não fosse uma opinião. Acho que disse algo do tipo "Talvez essa camiseta seja muito... *camiseta*?" ou alguma outra coisa igualmente benigna. Mas a menina que tinha dito que me amava fez cara de quem havia levado um soco (meu), e foi aí que me dei conta de que o problema que tive durante aquela noite toda foi que eu simplesmente não estava gostando de ser jurada. Eu nunca havia julgado nada na vida. E, mesmo se eu descobrisse que era uma jurada razoável, no geral, mesmo que gostasse de dar a minha opinião aos outros, a verdade é que eu não era muito qualificada nesse quesito em particular. Se alguém do programa tivesse visto a quantidade de calças de moletom que eu tinha em casa, eu teria sido expulsa de lá na hora. Minha roupa preferida é macacão. Compro vários. Na hora, sempre parecem uma boa ideia. Provavelmente me sinto atraída por eles porque fazem com que eu me lembre de um dos meus pijamas preferidos na infância, mas sem as pantufas. Tem um macacão que eu uso que Peter chama de visual "daquela moça legal que trabalha no posto de gasolina". Na moda, sempre fui mais uma seguidora do que uma líder.

Aqui não só estou copiando as roupas da minha prima Heather como também seu penteado chique, estilo quem acabou de acordar, e o sorriso com os olhos. É assim que se sorri com os olhos, não é?

Na verdade, adoro quando tenho de me preparar para um evento grandioso, extravagante e extremamente glamoroso. Vejo o trabalho dos designers de moda como vejo qualquer tipo de arte, e curto muito quando tenho de me arrumar de maneira elegante de vez em quando. Mas estar exposta ao mundo de uma Grande Noite não se aplica necessariamente à vida real. É como aprender a fazer um suflê e, em seguida, ter de preparar o jantar para cinco meninos adolescentes em uma segunda-feira à noite: "Sei que vocês acabaram de chegar do treino de basquete, mas será que poderiam esperar de 45 minutos a uma hora por uma sobremesa de ovos que nem ao menos alimenta?"

Como espectadora de *Project Runway*, minha parte preferida sempre foi assistir às pessoas criando coisas e depois ver as decisões que tomavam para chegar ao produto final. De diversas formas, o trabalho de ator também é assim, e me identifico com isso totalmente. Julgar os competidores era a parte menos divertida. Como amiga, não ligo de dar um conselho quando me pedem, mas, se você não seguir minha orientação, não vou pedir a você que limpe sua mesa de trabalho e vá embora. Além disso, eu me senti constrangida. Não consigo nem mesmo dar um feedback sobre o descascador de batatas que comprei na Amazon... O que será que me fez pensar que isso seria diferente?

Durante semanas após o fim do programa, falei sem parar a todos os meus amigos sobre a quase amnésia que tive, sobre como ainda estava preocupada com a menina legal e não parava de pensar no meu comentário sobre "camiseta". Acabei me dando conta de que, no geral, minha reação ao ser uma jurada foi bem diferente do que eu esperava. Expliquei a todos quem saiu e o porquê, o que realmente acontecia nos bastidores e contei o que jantamos (todo mundo quer saber o que as modelos comem). Um dia, estava contando alguns casos ao meu advogado, Adam, e ele me interrompeu no meio de uma frase. "Espere. Você só está contando isso para mim, não é? Quer dizer, você não contou essas coisas para mais ninguém, contou?" Quando respondi que sim, porque tinha ficado muito, muito traumatizada por julgar alguém, ele me interrompeu novamente: "Lauren", disse ele com uma preocupação verdadeira na voz, "você não tem permissão para falar sobre nada disso. Você assinou um acordo de confidencialidade."

"Argh, bem, tá", tentei brincar, "mas eu não *li* o contrato com tanto cuidado... Por que você acha que eu tenho um advogado?"

Adam me disse que tudo que andei contando era caracterizado como quebra de contrato. Maravilha. Será que fui uma juíza tão ruim que agora eu teria de encarar uma de verdade? Imaginei o Tim Gunn, triste por ser chamado para testemunhar contra mim: "Bem, *pensei* que seria uma forma encantadora de começar a nossa temporada, mas, agora..."

Ao longo dos anos, fui chamada para fazer coisas muito emocionantes. Uma vez, Peter e eu aparecemos no Desfile de Ação de Graças da Macy's, no qual fomos escoltados pela multidão e por balões gigantes, uma experiência que jamais vou esquecer. Passei uma semana em Amsterdã para promover *Gilmore Girls*. Apresentei o prêmio do American Cinema Editors (os Eddies), no qual realizei o sonho da minha vida de proferir a seguinte pérola da comédia: "Ei, quem peidou?" Uma vez andei no jatinho da Disney, na época em que fazia uma série da ABC. Pude levar minha amiga Jen e, chegando lá, havia uma banda esperando por nós duas na pista de pouso — não é muito comum ser recebida assim no trabalho!

Também recebi vários convites inusitados! Uma vez, me chamaram para falar em uma convenção de papel higiênico. Em outra, para ir a um programa matinal e dar minha opinião sobre suplementos de cálcio. Ao longo da minha carreira, recebi pedidos bem estranhos e variados, como, por exemplo, promover uma linha de comida para gatos (eu não tenho gato), estampar a capa de uma revista de golfe (eu não jogo golfe) e participar da *Sesame Street* (esse eu aceitei! Sei que ele é muito famoso, pessoal, mas o Grover é *tão* pé no chão na vida real!). Aprendi que é sempre legal ser convidada para uma festa; só não dá para saber de antemão como a farra vai ser.

Na moda, um dia você está no topo e, no seguinte, no fundo do poço. Estive em alta por literalmente um dia, mas me dei conta de que sou mais feliz quando não faço parte daquilo, ou, melhor ainda, quando estou em casa, no meu sofá, usando calça de moletom e assistindo ao programa como fã.

Ah, e, caso você ainda esteja se perguntando, pedimos comida em um ótimo restaurante japonês em Midtown, e a Heidi comeu tofu com molho de feijão preto. Por favor, lembre-se do quanto curtiu essa informação, porque estou escrevendo para você da prisão. Esse macacão que estou usando não é tão atraente quanto alguns que tenho em casa, mas tudo bem.

Só tenho de me acostumar com ele.

Quem sabe um dia você vai acreditar que o meu livro não foi totalmente autobiográfico

Eu estava em Atlanta naquela noite e, no dia seguinte, começaríamos a gravar o filme *Escola: os piores anos da minha vida*, baseado nos livros do James Patterson e do Chris Tebbetts. No jantar com o elenco, eu estava animada e nervosa, sentada ao lado do próprio James Patterson, autor de inúmeros suspenses e franquias épicas, que se tornaram um grande sucesso em Hollywood, e de um número surpreendente de livros infantis. Então não pude evitar fazer uma pergunta que ele provavelmente já deve ter ouvido um milhão de vezes: "Como você consegue?"

James se virou para mim e disse:

— Vá em frente, vá em frente, vá em frente.

Uau! Acho que isso resume tudo.

Um dia, em 2011, eu estava no meu trailer depois de um dia de trabalho em *Parenthood*. Eu havia gravado algumas cenas de manhã, e nós terminamos consideravelmente rápido. Já tinha malhado naquele dia, falado com o meu pai, respondido alguns e-mails e almoçado. Era cedo demais para começar a preparar o jantar, e eu ainda não estava a fim de ir para casa. Percebi que, pela primeira vez em anos, eu tinha em mãos algo que quase nunca possuía: tempo livre. Durante o ensino médio e a faculdade, sempre havia um milhão de deveres de casa e prazos de entrega para cumprir, projetos nos quais precisava trabalhar, peças e musicais para ensaiar. Quando cheguei ao mundo real, depois da faculdade, também havia sempre outra coisa martelando na minha cabeça: ganhar dinheiro suficiente para pagar o aluguel. Andei pelas ruas de Nova York pedindo emprego, fui até Los Angeles de carro para tentar convencer alguém a me contratar, fazendo o possível para conseguir alguma coisa que fosse um pouco mais fixa para que eu não acordasse mais todas as manhãs com um buraco no estômago, imaginando de onde viria meu próximo pagamento. Quando finalmente parei em um lugar, em *Gilmore Girls*, mal tive tempo para perceber. Durante os anos em que passei fazendo a série, tive inúmeros diálogos para memorizar, longas horas de gravações, fora tudo que envolvia a divulgação da série. Nos verões entre as temporadas, eu também não queria descansar. Participava de filmes e peças quando podia, preocupada em manter o ritmo. Vá em frente, vá em frente, vá em frente.

Então, naquele dia no meu trailer, quando percebi que tinha um tempo sobrando, senti algo estranho e pouco familiar. E havia outra coisa também. Por um momento, não consegui discernir o que era. Foi quase como se outra pessoa estivesse no recinto. Finalmente consegui entender. Acho que era uma... voz? Quando ela finalmente falou, me perguntou algo inesperado.

Você, humm, chegou lá?, sussurrou a voz, surpresa.

Nós, artistas na ativa, estamos sempre escutando a pergunta "Quando foi que finalmente soube que *chegou lá?*" A maioria dos atores que conheço, incluindo eu mesma, responde com algo do tipo "nunca". O ramo da atuação é tão instável que a maioria de nós, sabiamente, quase nunca relaxa, nunca baixa a guarda, nunca sente que tem um emprego verdadeiramente seguro. Mesmo que todas as evidências levem a crer no contrário, a maioria de nós sente que ainda não está a salvo. Se for necessário, amanhã eu posso pegar uma bandeja e trazer seu pedido — eu me lembro daquela época como se fosse ontem. Nunca acho que a minha vida está garantida. Há um número muito maior de atores que trabalharam por um tempo e desapareceram do que de artistas que permaneceram na ativa por décadas.

Então, quando digo a você que uma voz no meu ouvido perguntou se eu havia "chegado lá", não foi nada parecido com o que ouvimos no tapete vermelho. Isso não quer dizer que meu rosto está estampado em um busdoor, que ganhei um prêmio ou que acabei de comprar minha quarta Ferrari. E foi assim que eu soube que tinha chegado lá! Quero dizer, foi quase isso. A voz sugeria que talvez tivesse chegado o momento de aceitar que eu não tinha mais de acordar todos os dias sentindo um terror que poderia me causar uma úlcera por não saber de onde viria minha próxima refeição. De novo: isso foi em 2011. Eu me sustentava trabalhando como atriz desde 1996, e a ideia de que talvez, no fim das contas, isso fosse dar certo estava passando pela minha cabeça pela primeira vez. Atores: é assim que os terapeutas continuam trabalhando!

Quero dizer, no que eu estava pensando na época em que decidi seguir a carreira de atriz? Sério, quem eu pensava que era? *Show business*? Quem faz isso? Quando comecei, não conhecia ninguém que tivesse sequer a mais vaga conexão com esse mundo misterioso.

No ensino médio, ganhei o papel principal no musical do primeiro ano (você se lembra de *Hello, Dolly!*), mas não repeti o feito no último ano e me lembro de ter pensado que, em algum momento, havia chegado ao ápice, mas que tudo havia acabado. Então eu me perguntei o que tinha me feito insistir, superar milhares de rejeições e, sem saber que um dia, vinte anos depois, estaria em um trailer no estacionamento da Universal, com minhas contas quase todas pagas e tempo sobrando.

Pensei no prédio de arenito no Brooklyn onde morei com Kathy, minha melhor amiga da faculdade, depois que me formei. Eu me lembro de alguns empregos que tive para poder pagar todas as contas: trabalhei em um bufê, como garçonete, como professora particular, atendendo telefone como aprendiz e tentando vender aulas de massagem cardíaca por telefone. Eu anotava todos os meus compromissos em um organizador de tarefas Filofax, pagers eram considerados uma nova tecnologia e a Times Square ainda estava cheia de filmes adultos. As coisas mudaram tanto desde então. *Eu* mudei muito. Bem antes de me questionar se "havia chegado lá", percebi que a pergunta que mais passava pela minha cabeça era uma versão de "Quando você vai desistir desse sonho impossível?". Na época, eu me perguntava isso com uma frequência alarmante, também. Quando não se tem nada considerável no currículo, fica difícil acreditar que uma coisa ou outra irá acontecer. Não há como saber se o tempo gasto com alguma coisa um dia irá se revelar como o tempo passado apenas pagando todas as dívidas ou se enganando.

Eu não queria escrever sobre a minha vida exatamente, mas me perguntava se talvez uma história sobre pensar grande, crescer e construir uma carreira não seria universal. Eu não havia me dado um tempo limite como atriz, mas conheço artistas que se deram um prazo, e imaginei que talvez esse reloginho contando o tempo que faltava pudesse ajudar a estruturar a história. Abri um documento no Word e comecei um... O quê? Eu ainda não fazia ideia do que aquilo seria.

Aquilo acabou se tornando um romance. *Quem sabe um dia* é a história de uma jovem chamada Franny Banks, que vai para Nova York atrás do sonho de se tornar atriz. Com a ajuda das páginas de sua agenda Filofax, acompanhamos um ano da vida dela (tipo *Um ano para recordar!*), no fim do qual ela jura que vai desistir e voltar para casa se não fizer sucesso. Ambientado na década de noventa, a história se passa em uma Nova York que mudou bastante desde então. A primeira coisa que escrevi foi um sonho que Franny tem por estar muito ansiosa na noite anterior a um teste. O que também acabou sendo uma das primeiras coisas que cortei. Mas, ao longo de algumas semanas, só fui em frente, em frente e em frente. Foi uma novidade emocionante ter algo no qual eu pudesse trabalhar sozinha. Não precisava de um cenário, de um roteiro ou de outro ator. É claro que adorava a Franny, minha personagem principal, mas foi igualmente divertido criar os outros. Minha amiga Kathy serviu de inspiração para Jane, mas então Jane seguiu o próprio caminho. James Franklin, um cara metido a bad boy por quem Franny se apaixona, não foi baseado em ninguém em particular, foi inspirado em alguns dos vários atores que conheci e que sempre me deixaram intrigada, aqueles que parecem nunca sair do personagem "artista extremamente profundo". Barney Sparks, o primeiro agente da Franny, não era nada parecido com nenhum agente que tive. Eu só curtia a ideia de ela começar com alguém que estivesse no ramo há muito tempo e que falava frases clichês, que vinham sinceramente do coração. Então embora minha inspiração original tenha sido pessoal, a história não era exatamente "sobre" mim. Eu até quis colocar mais algumas coisas que aconteceram na minha vida naquela época, mas não mantinha um diário, e minha memória não é tão boa assim. Além disso, quando comecei a trabalhar na história, não tinha nenhum objetivo específico em mente. Não foi uma jogada calculada para ganhar dinheiro em alguma história pessoal. Eu só estava curtindo experimentar uma coisa nova e criativa, algo que me permitisse ter uma conexão com outro tempo, outro lugar.

Na verdade, tomei outro rumo para fazer com que os personagens *não* se parecessem com nenhuma pessoa ligada a mim. Eu jamais ia querer que meus colegas de trabalho se sentissem parodiados ou usados. Essa foi uma das coisas que me fizeram ir consideravelmente mais devagar no meu segundo romance (falo mais sobre isso daqui a pouco). Achei que... Está aí, um agente franco que sempre mandava Franny a eventos de subcelebridades para que ela fosse "vista" seria um personagem divertido. Mas não queria que ninguém presumisse que eu estava parodiando meu próprio agente, sendo ele um homem, então mudei o sexo da personagem. Mas não queria que ninguém pensasse que eu estava fazendo pouco daquela agente em particular... Você entende o problema, não é?

As primeiras cem páginas simplesmente fluíram. Eram leves e divertidas e, até a presente data, foi a última vez que escrevi algo de forma tão fácil. Um dia comentei com o meu agente que eu estava trabalhando em uma coisa, só por diversão, e ele me pediu que encaminhasse o material para ele. Foi o que eu fiz, enviando junto um pedido de desculpas. Disse a ele que ainda era o texto bruto. Eu nem ao menos havia relido para saber se tinha cometido algum erro de digitação. Mas ele leu as páginas do meu rascunho e, sem me falar nada, encaminhou-as para Esther Newberg, uma das melhores e mais famosas agentes literárias da ICM e da galáxia.

Eu só havia encontrado Esther uma vez, anos antes. Desde então, para mim ela era uma contadora de casos engraçados e uma companhia excelente para jantar. Ela é inteligente, estilosa e uma grande fã do Red Sox. Mas o que eu sabia sobre Esther naquela época era basicamente que ela fazia parte da Escola de Agentes Sem Papo Furado (que deveria ser uma escola de verdade — alguém liga para o *Shark Tank — Negociando com tubarões*!). Muitos agentes lecionavam no campus ao lado, na Maravilhosa Escola Maravilha, uma instituição relacionada, mas bem diferente, na qual até mesmo as três falas que você teve naquele programa humorístico de sexta à noite eram consideradas tão impressionantes que deveriam lhe garantir um Emmy. É muito legal lidar com esses agentes, mas os comentários deles requerem tradução. Com o tempo, você aprende que "você é maravilhoso" significa que você é apenas razoável, que "a audiência está ótima" quer dizer que sua série será cancelada e que "você está fantástico" é sinônimo para "você ganhou peso". Vou passar isso tudo para você em outro gráfico mais do que útil! Sem Papo Furado é, de longe, minha escola preferida.

Minha conversa com Esther foi mais ou menos assim:

ESTHER: Li aquele material.

EU: Ah, uau, sério? Nem ao menos está...

ESTHER: Posso fazer você ganhar muito dinheiro se eu vender esse livro para certas pessoas.

EU: Está brincando? Isso é incrível! Quer dizer, eu nem estava fazendo isso pelo...

ESTHER: Mas não quero vender o seu livro para essas pessoas.

EU: Ah, não? Hmmm, ok.

ESTHER: Porque... você sabe o que essas pessoas também comprariam de você?

EU: Não, eu não...

ESTHER: Rabiscos de macaco.

EU: Rabiscos?

ESTHER: Sim. De você, elas comprariam um livro cheio de rabiscos em giz de cera feitos por macacos. Comprariam um livro só de receitas com nozes. Comprariam um livro no qual você confessa que tem pontas duplas. E sabe por quê?

EU: Hmmm, não...

ESTHER: Pelo *Today Show*. [Oi, Tamryn!]

EU: O *Today Show*? [Oi, Willie!]

ESTHER: O *Today Show*. [Oi, Carson! Como substituta de novo, Jenna?] Você pode ser convidada para participar do *Today*. [Oi, Al!] Você pode participar do programa da Ellen. É difícil vender livros, e você tem formas de promover um. Essa é a principal razão pela qual certas pessoas comprariam o seu livro. Eu não quero vendê-lo para elas.

EU *(murcha)*: Ah, tá. Acho que faz sentido. Bom, obrigada de qualquer forma, eu agradeço mui...

ESTHER *(sendo misteriosa)*: Mas há outras pessoas.

EU: Outras...?

ESTHER: Bem, três. Três outras pessoas.

EU: Em todo o mercado editorial?

ESTHER: Três pessoas — editores, quero dizer — a quem eu confiaria isso. Três pessoas que aceitariam porque acreditaram em você e no seu livro. Mas se uma delas não o aceitar, acho que deveríamos esperar. A não ser que você queira que eu ligue para as pessoas que iriam querer os rabiscos...

EU: Não, não. Eu nem ao menos... Eu só estava no meu trailer um dia e...

ESTHER: Bom, então veremos o que essas pessoas têm a dizer.

EU: Tá! Deixa só eu dar uma olhadinha no...

ESTHER: Eu já mandei o material para elas.

EU: Você já...

ESTHER: Dou notícias. *(Clique)*.

De repente, meu projeto solo que começou no trailer havia se tornado um novo jeito de eu potencialmente me sujeitar a mais rejeições. De repente, eu estava esperando para ver se seria aceita em outro mundo competitivo onde pessoas que eu não conhecia dariam opiniões sobre o meu trabalho. Por que não escolhi tricotar? Por que não fui, em vez disso, fazer aula de vela? Cerâmica? Por que eu estava me torturando? Fiquei nervosa e neurótica. Será que eu seria aceita? Talvez *devêssemos* ter ligado para as pessoas que gostariam dos rabiscos de macaco. Afinal de contas, um livro só de receitas com nozes não era uma ideia tão *ruim*. E talvez meu problema de pontas duplas fosse resolvido se eu tivesse a chance de me manifestar!

Escritores: é assim que os terapeutas compram casas de praia.

Não lembro se todos os três editores ficaram interessados. (Dois, sim. Ou os três... Será? Vamos dizer que sim. Quem pode me parar? O livro é meu, o poder subiu à minha cabeça!) Mas a carta com a proposta enviada por Jennifer E. Smith, minha atual editora, me chamou atenção e fez dela a escolha óbvia.

Jen é uma autora de livros para jovens adultos fantástica. Ela é de Chicago e fala muito rápido. Quando nos conhecemos pessoalmente, contei a ela como foi escrever minha monografia para a graduação na faculdade. Confessei ter entregado o trabalho atrasado depois de tê-lo escrito em um editor de texto e corrigido os erros com Liquid Paper. Passei raspando em termos de prazo. Jen, que também era formada em inglês, riu, mas pareceu ligeiramente assustada com essa informação. Ela confessou que era tão organizada na faculdade que terminou a monografia duas semanas antes, mas não contou a ninguém e fingiu que ainda estava trabalhando até o último dia do prazo, porque não queria que seus amigos se sentissem mal ou que pensassem que ela era nerd demais.

Ela pode até ter ficado preocupada com meus problemas em relação a prazos, mas achei que isso fez de nós a combinação perfeita. Você já viu um filme de dois amigos no qual um é praticamente o rei dos fracassos e o outro também? Não? Exatamente! Que graça tem o cara fracassado sem o amigo/irmão/policial certinho que sempre tenta se certificar de que ele não faça nada fora da lei? Eu era o Eddie Murphy, e ela, o Nick Nolte! O Bruce Willis do seu Sam Jackson! O Hooch de seu Turner! Desculpe... Acho que parei de ir ao cinema em 1989.

A boa notícia era que eu tinha sido escolhida para trabalhar com a parceira ideal. A má notícia era que no minuto em que vendi o livro e ele se tornou uma tarefa com prazo e com pessoas contando comigo, eu meio que travei. Isso gerou sessões de escrita durante as quais eu encarava uma página em branco na tela do computador com meu coração batendo forte e sentindo um gosto metálico na boca — minha nova definição das botas do tempo marchando sobre mim. Para superar isso, entrei nos buracos negros do Google que envolviam mobília para áreas externas e molhos artesanais de pimenta coreana. Escrevia três linhas, apagava quatro e procurava um molho de peixe que combinasse com *nuoc cham*. (Red Boat 40°N, 50°N, se você conseguir encontrá-lo. *Nuoc cham* é um molho vietnamita que pede *sambal oelek*, uma pasta de pimenta indonésia, mas eu às vezes também uso *gochujang*, uma pasta de pimenta coreana, e acho que se você quiser picar gengibre bem fininho, pode... AGORA VOCÊ ENTENDE POR QUE O MEU LIVRO DEMOROU TANTO? Além disso, saiba que a melhor época para comprar móveis para área externa em promoção é no fim do verão ou no início do outono. Mas é na primavera que eles conquistam você!)

Jen se tornou uma amiga, assim como uma pessoa de valor inestimável na minha vida profissional. Às vezes ela me diz que preciso jogar alguma coisa fora, ou que preciso pesquisar mais. Mas, no começo, o maior desafio foi simplesmente fazer com que eu preenchesse mais páginas. "Só me dê alguma coisa", dizia ela. "Não precisa ficar tão preocupada. Se você se deparar com uma parte difícil, pule. Pode voltar depois e fazer aquilo ficar melhor, mas precisa de um rascunho primeiro. Não posso editar uma página em branco." Eventualmente aprendi que, pelo menos no início, era melhor terminar logo do que tentar ser perfeita. Eu tinha de sair do meu próprio caminho. Não que a voz dentro da minha cabeça — a que dizia que minhas páginas não estavam boas o suficiente — tivesse exatamente de ir embora. Eu só não podia deixar que ela me parasse. Um ótimo remédio contra autodúvida é simplesmente ignorá-la. Avance de qualquer jeito. Apenas vá em frente, vá em frente, vá em frente.

Estipulei a mim mesma o objetivo de escrever mil palavras por dia. Às vezes conseguia, outras vezes não. Eu não tinha uma rotina fixa — escrevia no trabalho, entre uma cena e outra, na mesa da cozinha, nos voos. Meu processo era não linear e, frequentemente, caótico. Se chegasse a uma cena ou a um momento em que me sentisse travada, colocava a cena que faltava em negrito para que eu me lembrasse de voltar nela mais tarde: **cena do casamento do Dan por vir**. Às vezes, eu nem sabia como seria a cena: **Franny diz blá-blá-blá alguma coisa aqui**. Tipo medicina, medicina!

Eu estava preenchendo cada minuto livre trabalhando com mais afinco do que havia trabalhado em anos. Então, fiquei surpresa quando contei às pessoas que estava escrevendo um livro e comecei a ouvir repetidamente duas perguntas: "Tem alguém ajudando você?" e "Você está escrevendo tudo sozinha?" Você sabe, as mesmas perguntas que autores homens escutam! Acho que há uma tradição de autobiografias serem escritas por outras pessoas, tipo ghost-writers. (Chuck, certifique-se de que essa parte *realmente* fique parecendo que fui eu quem escrevi. E me lembre de deletar esse lembrete!) Mas ficção? Parecia que havia uma tendência a pensarem que eu não era capaz de fazer aquilo.

O livro estava longe de ser perfeito, mas acabou ficando pronto. Entregá-lo foi a coisa mais estranha do mundo. Eu fiquei feliz com aquilo por uma semana, mas, dias depois, já queria mudar algumas coisas. Percebi que praticar a escrita havia, na verdade, com o tempo e aos pouquinhos, me tornado uma autora melhor. Então eu lia partes que havia escrito há meses e percebia que agora podia fazer melhor. E isso significava que eu queria continuar revendo tudo. Mas quando a revisão de fato termina? Eu tinha assumido um compromisso, tinha uma data de publicação, para começo de conversa, mas, mesmo que não tivesse esse prazo, em algum momento precisava largar aquilo ou não seria um livro a ser vendido, e sim uma pilha de papéis sobre a minha mesa. O equivalente a isso na atuação seria gravar uma cena, assistir a ela e pensar "por que eu fiz isso com as mãos? Essa camisa não é legal. Não estou tão concentrado como deveria estar... Vamos fazer de novo?". Você poderia ficar tentando melhorar aquela cena vezes seguidas, mas então o filme jamais ficaria pronto. "Vou tirar isso das suas mãos agora", disse Jen, finalmente.

Promover o livro foi uma experiência nova também. Participei de sessões de autógrafo em algumas livrarias e fui entrevistada no palco pela Anna Quindlen, uma das minhas autoras preferidas. Pediram (me forçaram) que eu entrasse no Twitter, algo do qual tinha medo, mas acabei (no geral) gostando. Imaginei que dar entrevistas seria a experiência menos reveladora, já que estou acostumada. Mas, de formas sutis, percebi novamente aquele tom de "Quem ajudou você?".

A maior prova disso foi uma entrevista que dei para um jornal de veiculação nacional. Para início de conversa, o jornalista chegou para me entrevistar um pouco mal-humorado. Ele não parecia particularmente familiarizado com o meu trabalho ou animado por estar ali. A entrevista foi feita durante um almoço, e ele parecia irritado por ter de pedir alguma coisa. Decidi que iria ganhá-lo com a minha personalidade radiante! Essa é uma forma muito ruim de começar uma entrevista. Você não está ali para animar nada, como se fosse um palhaço em uma festa de aniversário infantil. Na verdade, talvez essa não seja uma analogia ruim. A festa estava prestes a ficar um tanto assustadora e talvez até terminasse em lágrimas.

A entrevista foi conduzida como se fosse uma cena de *Law & Order*, na qual eu era a criminosa e tentavam me pegar em uma armadilha para que eu confessasse um crime. O jornalista abriu seu caderno e, metodicamente, começou a fazer uma série de perguntas.

ELE: Na página 33 do seu livro, Franny tem problemas com o cabelo cacheado. Li que *você* teve problemas com o *seu* cabelo cacheado.

EU: Sim, bom, não é todo dia que o seu cabelo acorda bonito, e muitas mulheres podem se identificar...

ELE: Na página 11, ficamos sabendo que Franny trabalha como garçonete. *Você* já foi garçonete?

EU: Sim. Muitas atrizes, quando estão começando...

ELE: Na página 39, Franny faz um teste no qual não se sai bem. *Você* já fez um teste no qual não foi bem?

EU: Sim, bom, é um livro sobre uma garota que quer... TUDO BEM! FUI EU, TÁ? PODE ME ALGEMAR AGORA.

Bem mais rápido do que eu poderia imaginar, percebi que ele havia escrito o artigo antes mesmo de a entrevista acontecer. Não literalmente, digo, mas ele poderia ter escrito. Ele decidiu que a minha história não era nada além de um monte de registros ligeiramente velados de um diário e, portanto, considerou que aquilo não tinha valor — que não era um livro "de verdade". Eu poderia muito bem ter ficado em casa de pijama.

Eu não precisava que ele desse um tapinha no meu ombro e elogiasse o meu trabalho. Nem fazia questão de que ele gostasse do que eu havia escrito. Mas aquele artigo não deveria ser uma crítica ao livro. Era para ser uma matéria falando do processo e sobre como o livro tinha nascido, e achei estranho que ele viesse preparado quase para desmerecê-lo.

— Obrigada por fazer isso — cantarolei para o repórter em um tom excessivamente feliz quando ele foi embora.

— Não me agradeça até ler a matéria — resmungou ele por cima do ombro.

O que aconteceu naquele dia e em várias outras ocasiões? Por que alguém presumiria que eu tinha precisado de ajuda ou que levaria o crédito por algo que não havia feito? Era... *machismo*? Em Hollywood, o machismo é tão desmedido que é fácil reconhecê-lo. Todos os filmes que fiz foram dirigidos por homens, por exemplo. Mulheres mais gostosas que eu conseguem papéis que poderiam muito bem ser interpretados por mim, e isso acontece o tempo todo. O que eu posso fazer? Processar o Screen Actors Guild porque não sou a Megan Fox? As coisas são como são. Faço o que posso para efetivamente mudar o sistema. Mas aquele tipo de condescendência era novidade, e parecia de alguma forma ser específico com mulheres. Talvez fosse pelo fato de eu ser atriz, por estar em uma profissão na qual muitos acreditavam haver um grande número de idiotas. Mas atores — do sexo masculino — não parecem enfrentar o mesmo preconceito. Mesmo quando Ron Howard — meu antigo chefe e que praticamente foi criado em sets de filmagem — estava começando a carreira como diretor, duvido que alguém tenha perguntado quem "o ajudou" a dirigir o Tom Hanks em *Splash: uma sereia em minha vida*.

Por outro lado, alguns meses depois da publicação do livro, fiquei sabendo que a produtora da Ellen DeGeneres, a AVGP, queria adquiri-lo para adaptá-lo para a televisão. Conversamos sobre quem deveria escrever o roteiro, e algumas pessoas me aconselharam a ficar aberta a sugestões. O livro teria mais chance de se tornar uma boa série de TV se fosse adaptado por alguém que tivesse de fato experiência em escrever roteiros para a televisão. Aquilo fazia total sentido para mim, mas, quando eu me sentei com a Ellen e seu parceiro de produção, Jeff Kleeman, para conversar e perguntei para eles em quem estavam pensando para fazer a adaptação, eles olharam para mim com um sorriso. "Você", responderam, como se fosse a resposta mais óbvia. Aquela única palavra abriu muitas portas.

Na verdade, foi uma delícia trabalhar naquele roteiro, mas o piloto não foi escolhido pela CW, então ambas as opiniões sobre quem deveria escrevê-lo tinham seu valor. Mas aquela experiência me deu a oportunidade de escrever o piloto de uma série no ano seguinte, o que despertou o interesse de um agente da minha agência em mim e me garantiu a oportunidade de adaptar o livro *The Royal We* com a minha parceira de produção e marido, Mae Whitman. Quando Mae e eu fomos mostrar o livro para Terry Press, a presidente da CBS Films, Terry olhou para mim e perguntou: "Quem vai escrever? Você?" Assenti, e ela disse "Ok", me dando outra chance de fazer algo que eu nunca havia feito antes.

Acho que o que estou querendo dizer é: vamos continuar nos ajudando? Não passou despercebido por mim que duas das maiores oportunidades que tive para subir mais um degrau me foram dadas por mulheres bem-sucedidas em posição de poder. Se um dia eu estiver nesta posição e você me perguntar "Quem?", farei de tudo para responder "Você" também. Mas, para chegar lá, talvez você primeiro tenha de derrubar as barreiras do que quer que esteja impedindo o seu avanço. Ignore a dúvida — ela não é sua amiga — e apenas vá em frente, vá em frente, vá em frente.

Ah, e, caso você esteja se perguntando, escrever *Quem sabe um dia* me levou ao livro que você está lendo agora. E todas as outras coisas que escrevi, além das gravações de *Gilmore Girls: um ano para recordar*, são os motivos pelos quais o próximo romance está demorando tanto. Mas não se preocupe. Enquanto isso, você pode encomendar na pré-venda meu próximo livro, *Rabiscos de macaco*, em breve em uma livraria perto da sua casa!

Cronômetro de Cozinha

• • • • • • • • • • • • •

Mais à frente neste livro vou contar sobre as inúmeras maravilhas de voltar a *Gilmore Girls*, mas já adianto aqui um exemplo do tipo de coisa mágica e misteriosa que algumas vezes aconteceu nas gravações do *reboot*.

Por volta desta época, no ano passado, eu era uma atriz desempregada que havia acabado de se despedir de uma série de TV. Há sempre uma transição confusa quando uma série termina, principalmente uma tão legal quanto *Parenthood*. O término de cada trabalho — em especial um que durou anos — coloca você em uma espécie de confusão mental. Eu zanzava de um lado para o outro sem saber o que fazer. Não conseguia me decidir se deveria malhar primeiro ou levar as roupas sujas para a lavanderia. Lavandeira primeiro, certo? Sim, é assim que as pessoas normalmente... Não, talvez malhar primeiro. Seus dias, que antes eram reguladinhos, de repente estão aí para você fazer deles o que bem entender.

Isso é enervante. Eu pensava sobre coisas que meu cérebro não tinha tempo de considerar enquanto trabalhava — tipo, como as pessoas fazem aquela coisa com as mãos, juntando as pontas dos dedos e formando um coração. Você sabe o que é... Vemos isso em vários anúncios e em capas de livro (oi, Sarah Dessen!), em comerciais, e todo mundo sabe do que estou falando, não é? Bem, ninguém fazia isso quando eu era mais nova. Nunca tinha visto isso, digamos, nos últimos dez anos. Talvez isso só não fosse muito comum onde eu morava... Bom tenho certeza de que ninguém que eu conhecia fazia isso. Seria possível estarmos no planeta por tanto tempo e ainda assim só pensarmos nisso agora? E, se for o caso, por que demoramos tanto? Por acaso esse pensamento tão profundo não deixa você abismado? Agora você tem um assunto sobre o qual conversar na hora do jantar hoje à noite.

O problema é que essa fase não é legal se você tem, digamos, uma coisa para escrever. Ou três. Era como se eu rastejasse em direção à linha de chegada, quando deveria mesmo é estar caminhando com facilidade ou correndo em direção a ela. Em vez disso, minha mente divagava sobre assuntos como "Você já se perguntou por que as pessoas em Los Angeles atravessam a rua devagar e as que moram em Nova York meio que dão uma corridinha?". Mas a vida não pode funcionar como uma reprise de *Seinfeld* para sempre. Eventualmente, estando pronto ou não, esse período de limbo chega ao fim. Seja pelo fato de você ter um prazo a ser cumprido, ou por precisar voltar ao trabalho, ou até mesmo porque a fase de ficar por aí sem rumo é substituída por outra que também é uma das preferidas dos atores: a fase "ACABOU, ESTÁ ACABADO, NUNCA MAIS VOU TRABALHAR DE NOVO".

Mas assim que *Gilmore Girls: um ano para recordar* começou, de repente eu tinha vários deadlines a cumprir. Uma correria que nunca tinha vivido antes. Primeiro, quase sem perceber, estava de volta ao set de filmagem — e não eram aquelas horas de gravações maravilhosas e tranquilas de *Parenthood*. Eu não estava dormindo na carcaça de um cavalo como o Leo nem nada do tipo, mas de repente voltei a ter uma jornada de trabalho muito pesada. Obviamente, o prazo para entregar este livro estava chegando. Sem mencionar que também estava chegando a hora de eu entregar o livro que precisava terminar antes deste. Então Mae e eu vendemos *The Royal We*, e agora aquele roteiro também tinha uma data para ser entregue. Desejei voltar aos dias que passei olhando mesas vintage com tampo de ladrilho na Chairish e pesando os prós e as contras da melhor hora do dia para deixar a roupa na lavanderia. Na época, eu tinha tempo de sobra. Agora, não tenho quase nada.

Certa manhã, no trailer de maquiagem, eu estava conversando com o Dan Bucatinsky, que interpreta Jim Nelson — o editor da revista GQ na vida real — na série. Dan também é roteirista, e o livro dele, *Does This Baby Make Me Look Straight?*, é uma divertida e sincera autobiografia sobre adoção e sobre ser um pai gay. Por alguns minutos, apenas conversamos e compartilhamos nossos dramas sobre as coisas que tínhamos de escrever. Contei que estava fazendo malabarismo para dar conta de inúmeros projetos e comentei sobre minha preocupação em cumprir todos os deadlines. Então, eu disse em voz alta algo que nunca havia pronunciado antes: "Eu sei que vou dar conta de tudo, só queria que o processo fosse menos sofrido."

Dan abaixou a cabeça para me observar por cima dos óculos. "Lauren", disse ele em um tom que indicava *sério?*, "liga pro Don".

Você se lembra de Don Roos e de *M.Y.O.B.*, a série que eu fazia antes de ser chamada para *Gilmore Girls*? Don Roos, o cocriador de *Terapia virtual* e autor dos roteiros de *Marley & eu*, *Happy Endings* e *Somente elas*? Bem, Don e Dan são casados. Don é engraçado, inteligente, e admiro muito o trabalho dele. Ele é roteirista há bastante tempo e tem uma carreira de sucesso. Deve estar fazendo alguma coisa direitinho. Então liguei para ele, pensando que, no mínimo, teríamos um almoço divertido, mesmo que ele não pudesse me ajudar com meus problemas de procrastinação.

Eu poderia facilmente ter passado meses, anos até, olhando para a tela em branco do meu computador e passando noites em claro enquanto tentava trabalhar em algumas páginas e examinava diversas fotos de mesas vintage com ladrilho. Mas, do mesmo jeito mágico com que as coisas estavam se encaixando com o meu retorno à série, minha pergunta logo foi respondida.

Almocei com Don, e ele me explicou que tinha um método de trabalho que estava sendo tão produtivo que ele o havia ensinado a muitos escritores que orientava. É a variação dele da Técnica Pomodoro, chamada Cronômetro de Cozinha, e revolucionou minha maneira de escrever — agora passo bem menos horas escrevendo, mas sou muito mais produtiva. Isso me deu uma estrutura — quando, antes, eu não tinha nenhuma. Mudou minha vida como escritora e espero que mude a sua também. Amo tanto essa técnica que ela faz com que eu queira juntar as pontas dos dedos para formar aquele símbolo maravilhoso que inventamos na década passada. (Mas, sério, por que demoramos tanto?)

CRONÔMETRO DE COZINHA

O princípio do Cronômetro de Cozinha é que todo escritor merece um jeito claro e factível de ser e de se sentir bem-sucedido todos os dias.

Para isso, aprendemos a julgar nós mesmos em termos de comportamento mais que em relação a conteúdo. Estabelecemos um objetivo fácil, mensurável, que não nos deixe ansiosos e, acima de tudo, seja à prova de fracassos, porque todos podem se acomodar e uma hora sempre passará.

O MÉTODO FUNCIONA ASSIM:

1. Compre um cronômetro de cozinha, daqueles que têm uma hora de duração. Ou use um aplicativo que marque o tempo. Ou diga à Siri que comece uma contagem de sessenta minutos.
2. Na segunda-feira, defina quantas horas de escrita terá na terça. Quando se está em dúvida, sob pressão ou sob autossabotagem, opta-se pelo menor número. Um começo bom e firme é uma hora por dia, mas meia hora ou vinte minutos também são bons tempos. Algumas pessoas anotam compromissos em uma agenda para esses horários, como se fossem almoços profissionais ou ligações para falar de trabalho.
3. Na hora do Cronômetro de Cozinha:

Nada de telefones. Nada de mensagens. Silencie tudo que toca; coloque o telefone com a tela para baixo. A vida é sua; você tem direito a uma hora sem interrupções, principalmente por parte daqueles que ama. Peça o apoio deles. "Eu estava na minha hora" é algo que aprenderão a entender. Mas eles não o respeitarão se você não fizer isso.

Nada de música com letras, a não ser que seja em um idioma que você não entenda. Fones de ouvido conectados a um aplicativo de ruído branco também podem ajudar.

Nada de internet, de forma alguma. Desligue o Wi-Fi do computador.

Nada de leitura.

Nada de apontar lápis, limpar ou organizar a mesa.

4. Assim que a hora começar, abra dois documentos: o diário e o projeto no qual estiver trabalhando. Se não tiver um projeto ativo, abra somente o diário.
5. Uma hora consiste no TEMPO EM QUE SE PASSA MANTENDO O PROJETO. É isso. Você não tem de escrever nada se estiver satisfeito em encarar a tela ou a página. Nem tem de escrever uma única palavra sequer no projeto; talvez passe a hora inteira escrevendo no diário. Qualquer coisa que escrever nele será ótimo; ideias para futuros projetos, reclamações sobre entes queridos, o que comeu no jantar, até mesmo se digitar a frase "Eu odeio escrever" quatrocentas vezes.

   Quando quiser, e se quiser, você pode passar para o documento do projeto atual e escrever pelo tempo que desejar. Quando estiver cansado ou quiser fazer uma pausa, volte para o diário.

A questão aqui é: quando o tédio ou o cansaço em relação ao projeto atual surgir, não faça um intervalo levantando da mesa. Dê um tempo voltando para o conforto do diário até que ele o deixe entediado. Então esteja pronto para voltar ao projeto, e assim por diante. Utilize o tédio dessa forma.

É SEMPRE ACEITÁVEL ESCREVER SOMENTE NO DIÁRIO. Na prática, raramente se passa a hora inteira nele, mas tudo bem, é bom e não tem problema se isso acontecer. É tão bom quanto um dia de escrita dedicado somente ao projeto atual.

6. É infinitamente melhor escrever durante poucas horas todos os dias do que por várias horas em um único dia e nenhuma no dia seguinte. Se tiver um fim de semana cheio, reserve meia hora ou 15 minutos para o projeto, dedique-se a ele durante esse período e, em seguida, continue o dia. Tente sempre minimizar a resistência, começar com uma hora na segunda-feira depois de dois dias de folga é um desafio.
7. Quando a hora terminar, pare, mesmo se estiver no meio de uma frase. Se agendar outra hora, se dê um intervalo antes de recomeçar... para ler, comer, esticar as pernas. Não estamos tentando criar um casulo no qual se deve permanecer o tempo todo (o velho método "Desculpe, não posso encontrar ninguém nem sair de casa... Tenho um prazo a cumprir"). Além disso, o momento inviolável acontece *durante* a hora.
8. Se falhar em cumprir as horas do dia, é porque reservou horas demais. Quatro horas por dia é uma grande quantidade de tempo dedicado a essa atividade, por exemplo. Se na quarta-feira você planejar escrever por duas horas

e não conseguir, separe uma quantidade menor para o dia seguinte. Não adicione uma hora para "compensar" ou "ficar em dia". Deixe o passado para trás e siga em frente.

9. Quando tiver cumprido o compromisso, certifique-se de que o crédito seja dado a si mesmo por isso. Cumpra a obrigação consigo mesmo e o que resta do dia é seu para fazer o que quiser.
10. Uma consideração sobre este conteúdo: isso pode parecer apenas um método, mas a consciência de que cumprimos a obrigação que nós mesmos nos demos, que nos livramos da ansiedade e da resistência, o silêncio daquela voz intimidadora que havia dentro de nós e que gritava conosco por não estarmos escrevendo o suficiente... tudo isso nos deixa abertos criativamente.

Boa sorte!

Don Roos

Parenthood é a melhor vizinhança

Você não detesta quando uma das suas amigas começa a sair com alguém incrível, consegue um emprego legal ou uma promoção inesperada e fica tão animada e feliz que não consegue parar de falar sobre a sorte que tem e como tudo na vida dela é tão maravilhoso... e você tem a sensação de que ela vai falar sobre isso até morrer? Então, vai ser exatamente assim que eu vou ficar durante o tempo em que estiver contando para você a minha experiência de participar de *Parenthood*.

Lauren, por favor. Você jamais conseguiria ser tão irritante assim.

Mas me permita tentar.

Todo mundo sabe que tenho um relacionamento muito especial que aflorou no trabalho, o que por si só já pode parecer muita sorte, mas não para por aí. Eu também me apaixonei por cada integrante do elenco da série. Como aqueles irmãos na TV, não éramos exatamente parecidos uns com os outros, mas gostei demais dos dias que passamos juntos, das festinhas que aconteciam no set com Peter, Dax Shepard e Erika Christensen. Monica Potter, Joy Bryant e Sam Jaeger, a família do meu marido de mentirinha, formavam um grupo divertido e admirável, tanto pessoal quanto profissionalmente. Todas as crianças de *Parenthood* eram fofas, doces e espertas. Craig T. Nelson e Bonnie Bedelia eram perfeitos como nossos destemidos líderes — cresci assistindo aos filmes que faziam, então trabalhar com eles foi ainda melhor. E tenho uma conexão muito especial com meus filhos da TV, Mae Whitman e Miles Heizer. Até hoje, quando saímos para comer, ainda chamamos nossos encontros de "jantar de família".

Eu adorava os roteiristas, os diretores e o meu chefe, Jason Katims, o responsável por estabelecer um clima maravilhoso entre nós antes de qualquer coisa. Nossos assistentes de direção deixavam nossas agendas e nossos horários tranquilos, eram gentis, engraçados e fingiam não notar quando eu chegava atrasada. Conheci Larry Trilling, um dos produtores-executivos, na época da faculdade e acabei ficando mais amiga dele no trabalho. Tudo naquele lugar realmente passava a sensação de sermos uma família.

Nossos cinegrafistas também eram vitais para o sucesso da série. Eles ajudavam a destacar nosso trabalho ao focalizar comportamentos que consideravam interessantes: as mãos de alguém batucando nervosamente em uma mesa, uma revirada de olhos sutil entre casais, Zeek todo feliz baforando a fumaça de seu charuto. Na maioria das vezes, nossas cenas eram gravadas no estilo proscênio, ou seja, a ação acontecia em um cenário, com duas ou três câmeras nos filmando à frente, quase como se estivéssemos em um palco. Isso proporcionou aos atores uma liberdade incrível — muito maior do que uma série de TV normalmente permite — e deu espaço para muita colaboração.

Bom, as pessoas podem ter sido incríveis, mas todos nós assistimos ao Access Hollywood *o bastante para saber que as horas de trabalho dedicadas a fazer uma série de sessenta minutos são desgastantes, certo?*

Desculpe. Não tenho nada a reclamar em relação a isso. As horas em *Parenthood* foram algumas das melhores que tive na vida. Dentro da estrutura dos excelentes roteiros que recebíamos, tínhamos liberdade nos diálogos. Isso significava que não precisávamos filmar a mesma cena tomada após tomada e dizer exatamente o que estava escrito no roteiro. Isso foi muito útil principalmente nas cenas de jantares em família, que eram sempre longas e davam o verdadeiro toque de que aquilo era uma grande família — todos falando ao mesmo tempo sem uma ordem e de forma bem natural. Nessas horas, contávamos com a ajuda dos nossos incríveis técnicos de som. Acho que só tive de regravar uma fala umas três vezes em seis anos, o que é notavelmente raro. Na verdade, tudo corria tão bem, e terminávamos cedo em tantas ocasiões, que em nossas duas últimas temporadas, eles cortaram *um dia inteiro* de produção em cada episódio e, ainda assim, conseguíamos terminar tudo em um horário razoável. Escrevi um livro do começou ao fim no meu trailer durante o tempo livre. Monica Potter lançou uma bela linha de produtos domésticos. Dax Shepard escreveu e dirigiu um filme. Joy Bryant criou uma marca de roupas.

Erika Christensen pedalou 112 milhões de quilômetros pela cidade. Tínhamos um emprego gratificante que também nos permitia viajar e ter uma vida.

Em um grau excepcional, havia consideração e cuidado com o nosso bem-estar. O bufê era excelente. Em alguns dias, tínhamos um chef vegano, em outros, um self-service havaiano. Tínhamos vitaminas e biscoitos fresquinhos todo dia no almoço. De vez em quando, recebíamos um *food truck* da In-and-Out (hambúrgueres maravilhosos), da Kogi (tacos coreanos deliciosos do Roy Choi) ou um carrinho de sorvete artesanal Van Leeuwen como agrado. Havia um desfile de fantasias no Halloween, coral de músicas natalinas no Natal e, no último dia de trabalho do ano, uma banda de mariachis para a nossa despedida.

Credo. Isso é um pouco demais. Eles não fazem isso no meu trabalho.

Mas espere, tem mais! No final da quinta temporada, uma parte da equipe teve de ir para o *Havaí* e ficou hospedada no hotel Four Seasons em Maui! Enquanto Peter e Monica passaram algumas horas gravando, eu fiquei na piscina bebendo *mai tais*!

Tudo bem, isso está começando a ficar um pouco chato.

Mas ainda não terminei! Acrescente a isso as histórias incríveis que pudemos contar. A série era sobre família e relacionamentos, tópicos que estão prestes a se tornar proibidos na televisão a menos que haja na família vários bombeiros zumbis serial killers tatuados que moram em Chicago. Além disso, tive a oportunidade de trabalhar não só com minha família incrível da TV mas também com convidados divertidos, como Billy Baldwin, Jason

Ritter e Ray Romano. O que me faz temer ter esgotado minha cota de atores altos de Hollywood para interpretar meu par romântico, uma vez que contracenei com todos eles. Não é tão fácil encontrar atores muito altos aqui — há um número enorme de atores lindos que, na verdade, tem de subir em um caixote para parecer mais altos. E isso é muito mais comum do que você imagina. Tenho quase 1,80m de altura, então essa é uma questão essencial para que a minha carreira sobreviva, e temo que já tenha trabalhado com uma parte mais que justa de atores que posso literalmente olhar nos olhos de cabeça erguida: Dax, Peter, Craig e Sam de *Parenthood* são muito altos. Scott Patterson, David Sutcliffe e Scott Cohen poderiam ter formado um time de basquete em *Gilmore Girls*, e Joel McHale, com quem contracenei em *Maldito feliz Natal*, é um gigante hilário e musculoso com braços enormes. Até quando essa maré de sorte pode durar? Acho que Liam Neeson talvez seja o único ator de altura adequada que resta. Isso que é reviravolta, hein, Sr. Neeson. Dessa vez serei *eu* que irei atrás de *você*!

Lauren, você meio que se desviou do assunto aqui...

Ah, sim, me deixe voltar a tirar onda. Assim como *Gilmore Girls*, *Parenthood* foi outra série do tipo "pessoas ficam felizes em ver você no aeroporto". É um privilégio ver o rosto dos fãs se iluminando quando eles olham para você, vêm na sua direção e começam a contar que determinado acontecimento na série fez com que eles se lembrassem de algo pelo qual passaram. Não tenho certeza, mas acho que isso é melhor do que se eles corressem de você, gritando: "Metanfetamina! Metanfetamina! Metanfetamina!"

Acho que já ouvi o bastante. Será que você pode, por favor, pensar em alguma coisa negativa para dizer sobre trabalhar lá?

Hmmm... huh... deixe-me ver... Ah, já sei! O estacionamento da Universal é depois do Lankershim Boulevard, e ele fica um pouquinho mais longe da minha casa do que a Warner Brothers, onde gravávamos *Gilmore Girls*. Então eu levava três minutos a mais para chegar ao trabalho. Ah, o sofrimento que eu suportava com essas pessoas...

Olhem para a frente!

•••••••••••••

Um conselho da sua amiga, senhora Jackson

A senhora Jackson foi uma personagem que inventei quando percebi que estava dando conselhos — inicialmente para Mae e para Miles no set de *Parenthood* — que pareciam vir de uma vovozinha de cabelos grisalhos que passa os dias em uma cadeira de balanço tricotando meias desconfortáveis que você finge que ama ganhar de Natal. Ao criar essa personagem, que obviamente era muito, muito, muito diferente de mim, eu esperava confundir Mae e Miles, e outras pessoas também, fazendo com que pensassem que, embora aparentemente meus conselhos pudessem parecer um tanto "antiquados", eles não eram de fato meus, e sim dessa persona estranha, e que eu, na verdade, ainda era aquela mulher moderna e interessante, que ironicamente usava botas L. L. Bean. E é claro que eu sabia quem eram Tegan e Sara (mas só porque Miles gravou um CD para mim).

Quando comecei a me sentir mais velha que meus companheiros de cena e meus amigos mais novos — alguns ainda estavam na adolescência ou com 20 e poucos anos —, não foi do jeito que eu esperava. Eu achava que seria algo como levantar da cadeira e gritar "Ai, minhas costas!". Mas tudo começou quando fiz uma alusão a *Happy Days* em uma conversa e fui questionada com olhares que diziam *Mas do que você está falando?*. Eu também não conseguia mais convencer ninguém de que o pager da AOL já foi o hit do momento. Pelo fato de morar em Hollywood e ser contratualmente comprometida a nunca envelhecer, em vez de gritar "Sua geração não entende nada!" e sair em busca de um telefone fixo para ligar para o serviço de secretária eletrônica, eu só revirava os olhos e dizia "Olha, não quero parecer a senhora Jackson... mas você vai mesmo postar aquela foto sua de calcinha e sutiã no Instagram?". Como se dissesse "É claro que, por *mim*, tudo bem você fazer isso, porque impor limites é uma coisa tão anos noventa. Mas alguém menos descolado, que *não* usa a Postmates para receber suas compras em casa, pode achar que é um pouco demais".

A senhora Jackson não julga; ela só se preocupa com você e se pergunta sobre coisas como o seu piercing no nariz (essa coisa não dói? E como você consegue limpar isso?), e a sexta tatuagem que você fez (cinco não já não estava de bom tamanho?). Mas eu não... Não, senhoooor, sinto orgulho por você se expressar como quer!

Certa manhã, no trailer de maquiagem de *Gilmore Girls* (durante a primeira série), eu estava conversando com a Alexis sobre a possibilidade de fazer uma tatuagem e comentei que estava muito animada para desenhá-la, porque, como expliquei a ela, aquela era a verdadeira diversão, o *talento* de verdade. Eu já podia ver minha nova vida tatuada: iria para alguma boate legal ou para um bar maneiro (presumindo que, com a minha nova tatuagem, eu também começaria a frequentar boates legais e bares maneiros pela primeira vez na vida), e um cara bonitão usando jaqueta de couro ia me olhar de cima a baixo, aprovando o material. E qual seria a melhor forma de começar uma conversa, o caminho mais certeiro em direção à felicidade de uma vida toda e da alegria verdadeira do que "Tatuagem irada. Foi você quem desenhou?".

Depois de falar sem parar sobre a minha fantasia de vida pós-tatuagem por um tempo, Alexis sorriu para mim e me perguntou gentilmente: "Então, o que você iria fazer? Um trevo?"

Hmmm, não. Quer dizer, o quê? Não. Um tre...? Pelo amor de Deus, isso é uma BOBEIRA! Por que você iria pensar que eu faria algo tão previsível quanto um tre... AI, DEUS, QUE VERGONHA, VOCÊ ESTÁ CERTA. SOU UMA DAQUELAS VICIADAS EM QUALQUER COISA QUE LEMBRE A IRLANDA. Mas, ei, não é como se eu fosse fazer uma tatuagem no tornozelo, então pelo menos tem... AH, TÁ BOM. TUDO BEM. SIM, ERA EXATAMENTE ONDE EU FARIA.

Depois que minha vergonha passou, vi que não queria mais uma tatuagem. Por quê? Porque, através dos olhos (mais maduros) da Alexis, de repente enxerguei a futilidade inerente daquilo. De repente, era como se eu já tivesse feito uma tatuagem, ficado animada por um tempo, vivido com ela por alguns anos e, eventualmente, acordado um dia e pensado "huh, que coisa estranha que fui inventar de fazer".

Às vezes, a ideia de fazer alguma coisa é a parte mais divertida de tudo, e, depois que você vai lá e faz, se sente meio murcho, porque volta à fase da procura pela próxima diversão. Muitas vezes, a espera revela a verdade sobre alguma coisa e não responder a cada impulso que você tem pode poupá-la da dor de cabeça de acordar de manhã arrependida por ter mandado uma mensagem para aquele cara às duas da manhã porque precisava contar para ele que tinha visto um esquete engraçadíssimo no *Saturday Night Live*. E não é como se você quisesse sair com ele ou nada do tipo, é que você tinha bebido uma taça de vinho... ou foram duas? Mas, de qualquer forma, ele provavelmente estava acordado! *Não aperte "enviar"*, gosta de aconselhar a senhora Jackson. *Espere um pouquinho.*

Percebi que falar sobre fazer uma tatuagem foi o exemplo perfeito para mostrar que a vida tem muito mais a ver com a jornada do que com o destino. E me senti aliviada por ter me poupado de chegar ao meu destino arrependida e com várias tatuagens na região acima do bumbum.

Uma das melhores coisas em relação à senhora Jackson é que, quando você *não* segue o conselho dela (Miles e Mae têm aproximadamente 7 mil piercings os dois e exatamente 152 tatuagens cada um), por mim está tudo certo! Ela não é brincalhona, mas eu ainda sou!

A senhora Jackson se preocupa com as pessoas de outras formas também, mas acho que você está indo muito bem! A SJ se preocupa (obviamente mais do que deveria) com coisas tipo aquele aplicativo de relacionamentos que quer que você deixe seu serviço de localização ligado *o tempo todo* (como isso pode ser seguro?) e o fato de que tudo o que você ingeriu ontem foram líquidos servidos em vidros de compota daquele lugar que vende sucos na esquina (é sério? Nada sólido o dia todo?). A SJ não gosta de quando aquele cara manda mensagem na sexta-feira às onze da noite, depois de passar a semana toda sem dar notícias, chamando você para "sair", e você vai. Ela se preocupa com a possibilidade de você não estar sendo tratada tão bem quanto merece e, embora entenda que "as coisas sejam diferentes hoje em dia", certamente deve existir por aí pessoas com mais educação e com a capacidade de fazer planos com você com pelo menos um ou dois dias de antecedência.

A senhora Jackson também se preocupa muito com o que ouviu em relação ao número alarmante de jovens sendo tratados com Adderall para "ficarem mais focados na escola ou no trabalho". Na época da SJ, eles chamavam a sensação de não querer ficar horas na biblioteca de "sensação de não querer ficar horas na biblioteca". E não era considerado uma condição médica estar entediado ou distraído no trabalho; era apenas parte da vida no trabalho.

Há algum tempo vi uma jovem família no aeroporto, um casal com a filhinha, que estava toda feliz sentada em sua cadeirinha. Os três olhavam para baixo, concentrados em seus telefones, com olhos vidrados, sem falar uns com os outros. Vemos isso com bastante frequência, é claro, mas foi ali que percebi como as coisas hoje em dia são diferentes da época da minha infância. Não tive um celular até meus 20 e tantos anos. Meu afilhado de 14 ganhou um não faz muito tempo. Mas a próxima geração, como a dessa criança no aeroporto, jamais vai saber como é a vida sem um aparelho desses. Isso levanta algumas questões: o que o futuro reserva para essa bebê? E será que ela já me passou no Candy Crush?

Todos concordamos com o fato de que aeroportos são o pior lugar para entreter um bebê inquieto. E, provavelmente, os pais estavam fazendo alguma coisa importante e voltariam sua atenção para o bebê em alguns segundos. É provável que a criança estivesse sentada ali aprendendo a falar mandarim ou monitorando seu portfólio de ações. Ainda assim, aquele olhar meio frio e entorpecido que adquirimos quando estamos concentrados nos nossos telefones é diferente do olhar de quem lê um livro ou até mesmo de quem está olhando para o nada. Eu também fico assim e, quando vejo meu próprio reflexo, fico arrepiada. É como a expressão do Gollum antes de deixar seu Precioso cair na água.

As pessoas que conheço que usam mídias sociais e aplicativos de relacionamentos utilizam essas ferramentas porque desejam estabelecer contato com alguém, porque querem uma companhia para sair de vez em quando. Algumas querem até se apaixonar e começar uma família. Na verdade, essa família que vi no aeroporto foi provavelmente *formada* a partir desses avanços da tecnologia, e agora, graças à maravilhosa conectividade à qual todos temos acesso, eles finalmente realizaram o sonho de encontrar um ao outro — mas ainda estavam lá sentados, mexendo no telefone. E isso é apenas o começo. Onde vamos parar?

Quando minha irmã sai com os amigos do trabalho para jantar — um grupo de executivos de alto nível de Nova York —, eles às vezes fazem o seguinte: todo mundo coloca o celular no centro da mesa, e o primeiro que não aguentar e pegar o telefone tem de pagar a conta. Maneiro! Passei a colocar a minha bolsa no porta-malas do carro para evitar checar o telefone sempre que paro no sinal. Acho que essas manobras são necessárias até que a gente descubra um jeito de resistir à tentação de clicar em notícias quentes e importantes, como "Dez gatos com rostos surpreendentemente humanos!", enquanto dirigimos.

Ou melhor, *eu* acho que está tudo bem! Vamos marcar um dia para nos encontrarmos e então passar uns vinte minutos olhando centenas de fotos procurando aquela que justamente não conseguimos encontrar! Para que se preocupar com uma única coisa quando podemos procurar petiscos no Google! Vamos deixar nossos telefones em cima da mesa "para o caso de uma emergência" e responder a todas as mensagens desimportantes mesmo assim? Porque é isso que as pessoas fazem! Estou totalmente tranquila com isso! É aquela maluca da senhora Jackson que acha que isso é estranho, e ela escreveu uma carta, em *papel de verdade*, com algumas considerações:

Meus queridinhos,

Sinto falta de chaves de carro. Aqueles controles sem graça que as pessoas usam agora não cabem direito no meu chaveiro, e meu amigo cavalheiro sempre esquece de dá-los ao manobrista. O quê? Vocês acham que a senhora Jackson não tem um pretendente casual para acompanhá-la a um bom restaurante japonês de vez em quando?

Por favor, por favor, sente-se. Não, aí não, querida. Esse lugar está reservado. Coma um biscoito, você está muito magra. Está frio aqui? O que disse? Fale alto, querida. Não irei tomar muito do seu tempo, sei que está ocupada. Deixe-me contar uma história. Um dia, a Marion, aquela mulher terrível que mora aqui do lado, me "convidou" para uma daquelas coisas on-line em grupo onde mantemos um registro dos nossos passos e vemos quem tem mais... Você sabe o que é? Você sabe o que é. É claro que sim. Bom, participei daquilo por algumas semanas e achei a coisa mais maravilhosa do mundo. Eu me sentia realizada no fim do dia! Então comecei a contar absolutamente tudo e arrumei todos esses aplicativos bacanas: não só contei quantos passos dei mas também quantas horas dormi, quantas calorias ingeri, quantos amigos eu tinha no Facebook, como estava o clima no Havaí, quanto o dinheiro da minha aposentadoria estava rendendo. Baixei um aplicativo de contagem regressiva para que ele me lembrasse quantos dias eu tinha para comprar o presente de aniversário do meu sobrinho. Tenho outro que registra as constelações no céu, um que marca quanto dinheiro gastei no Starbucks, outro para me lembrar de regar as plantas, e um para me alertar na época de trocar minhas lentes de contato, e um que me diz quantas vezes ouvi Doris Day cantando "Que Sera Sera" nessa semana. A tecnologia não é maravilhosa? Tive um aplicativo para ler tudo o que as pessoas dizem dos restaurantes também. Esse era um pouco confuso, porque, ao que parece, todo restaurante do país é simplesmente péssimo. Mas, de qualquer forma, adorei principalmente o dos passos, porque eu podia ficar olhando para o marcador e, se a Marion estivesse perto de me passar, aquilo me fazia dar um pulo da minha poltrona e balançar os braços bem alto para aumentar meus pontos. Ganhei dela tantos dias que praticamente poderia esquecer todas as vezes em que ela escondeu minhas lixeiras e roubou meu jornal de domingo. Uma bênção!

Aí, uma noite, meu amigo cavalheiro e eu estávamos em casa bebendo suco de ameixa com vodca, comendo e assistindo a The Waltons *e, aparentemente, eu estava me levantando para checar meu telefone mais vezes do que você consegue dizer "Boa noite, Jim-Bob". Por fim, meu amigo pausou a fita VHS exatamente quando o rosto do John-Boy apareceu e me perguntou o que estava me distraindo. Eu disse para ele que não estava distraída, que estava apenas animada com todas as informações novas e maravilhosas que recebia, e perguntei se ele queria saber como estava o tempo no Havaí ou se gostaria de entrar para o nosso clube de passos também. Não, ele disse que não queria e, em seguida, me fez uma pergunta. "Por quê?" O que eu iria fazer com todas aquelas informações? Por que manter registro de tantas coisas? E por que eu ficava marchando pela sala de estar balançando os braços acima da cabeça? O que tudo aquilo significava no fim do dia, ou da vida, aliás? (Quando se tem a nossa idade, você pensa sobre essas coisas, querida. Mas não se preocupe com isso agora... Você é mais jovem do que imagina.)*

De qualquer forma, de repente tudo ficou confuso e tive de me sentar novamente no sofá. Coma outro biscoito enquanto estão quentinhos, tá? Minha história está quase acabando. Tive de me sentar porque, do nada, me dei conta da perda de tempo que era tudo aquilo. Faço minha caminhada todos os dias, faça chuva ou faça sol... Quem se importa se a Marion for um pouquinho mais longe? Rego minhas plantas quando a terra parece seca e nunca me esqueci do aniversário do meu sobrinho. Na verdade, comecei a pensar no meu sobrinho e na quantidade de tempo que ele passa naquele telefone, sempre checando quem deu like *no Instacart. Sempre digo a ele que é bom ficar entediado quando está dirigindo. Passar um tempo consigo mesmo, com seus pensamentos e sem nada para fazer. Se não for assim, como vai saber quem você realmente é?*

Estou preocupada com a sua postura, querida. Acho que pode ser por conta de todo o tempo que passa olhando para baixo. O que tem de mais no seu telefone, no Xbox, na TV do táxi, no aparelho para ouvir música que você usa preso no braço, e nos fones de ouvido que mais parecem donuts? Essas coisas não fazem com que a vida se torne muito menor? Não é uma pena se tudo o que for absolutamente importante estiver acontecendo apenas em uma tela bem pequena? Em especial quando o mundo é tão esmagadoramente grande e surpreendente. Será que você não está perdendo muita coisa? Não dá nem para imaginar isso agora, mas, um dia, você também ficará velha como eu, mesmo que se sinta exatamente como agora. Um dia você irá se olhar no espelho e pensar em como a vida passa rápido. E me pergunto se todo aquele tempo que você passou assistindo àquelas famílias cujas vidas são filmadas para a televisão, fazendo aquelas selfies nas quais você tem uma língua de cachorro pendurada na boca e correndo atrás daquele tal de Pokémon... bem, será que isso tudo garantirá a sensação de tempo bem gasto? "Aqui jaz a senhora Jackson, ela deu mais passos na estrada da vida do que seus velhos amigos"... Será que esse é o maior legado que eu posso deixar? Será que tudo isso foi criado apenas para nos manter olhando para baixo ou foi só para nos dar a ilusão de que temos algum tipo de controle sobre nossas vidas caóticas?

Queridos, façam-me um pequeno favor e olhem para a frente? Principalmente vocês que são de Nova York, Londres ou de qualquer outra cidade com ruas movimentadas. De que outra forma vocês irão absorver a imponência dos prédios que estão ali há centenas de anos? De que outra forma irão esbarrar por acaso com um conhecido que futuramente poderá se tornar um amigo, um namorado ou apenas alguém que irá recomendar um bom restaurante do qual ninguém reclamou ainda naquele aplicativo? Se você nunca olhou pela janela do vagão do trem, como poderá ver os barcos deslizando pelas águas do East River ou ter uma ideia que só você poderia ter? Apenas olhem para a frente sem motivo, só por alguns poucos instantes ao longo do dia, ou talvez durante um dia inteiro de vez em quando. Pare de checar os likes *e deixe a qualidade do seu sono passar despercebida.* Que sera sera, *meus queridos... o que tiver de ser, será, estejamos acompanhando pelo* GPS *ou não.*

Olhem para a frente! Olhem para a frente! O que verão pode acabar sendo uma grande surpresa.

Com amor,
senhora Jackson

Como foi — Parte dois

Alerta de *spoiler*! O que vem a seguir contém menções à trama, ao elenco e traz algumas informações sobre *Gilmore Girls* que você talvez não queira ler até ter visto os novos episódios. Se você ainda não assistiu a *Gilmore Girls: um ano para recordar*, talvez seja melhor deixar esta parte para depois.

Daqui a alguns anos, bem depois do *reboot* de *Downton Abbey* (Matthew está vivo!), de *Six Feet Under* (literalmente *The Walking Dead*!) e do *reboot* do *reboot* de *Fuller House* (não seja cara de pau. Pare. Com. Isso. Tudo de novo não!), ainda vou estar aqui tentando explicar como foi voltar a *Gilmore Girls*. Essa foi a primeira pergunta que me fizeram quando a série foi anunciada e a que mais respondo desde então. Também é uma pergunta para a qual ainda não consegui encontrar uma resposta satisfatória. Até agora, só gaguejei à procura de palavras... pensando em alguma coisa com a qual pudesse comparar essa experiência.

"É como se tivesse a chance de voltar para a faculdade, só que, desta vez, você soubesse em quais matérias deve se matricular, e como aproveitar todas as, huh, aulas e pessoas e, huh..."

Não, não foi assim.

"É como se você voltasse a namorar um antigo ex, que agora só tivesse o lado bom que você conheceu, como se todas aquelas coisas que costumavam deixar você irritada não existissem mais. Então você se apaixona de novo por ele, mas sem cometer nenhum dos erros que cometeu quando, huh..."

Não, também não foi desse jeito.

"É como se você tivesse sido diagnosticado com uma doença, e, logo em seguida, os médicos descobrissem que se enganaram e que, na verdade, você está muito bem. Então, depois disso, você passa a aproveitar todos os dias ao máximo, porque de repente se deu conta do quão preciosos eles são. É como se você ficasse ainda mais grato por ter a oportunidade de viver, depois de ter sido obrigado a encarar a realidade e percebesse que, na verdade, raramente aproveitava os seus dias... Quando pensou que estava doente, você se deu conta de que não dava o devido valor à vida, mas agora que descobriu que não está e..."

Huh, não.

Tenho um e-mail antigo da Amy, de dezembro de 2014, no qual ela menciona a possibilidade de dar uma chance aos serviços de *streaming*. Nós almoçamos juntas em um restaurante grego em Los Angeles, onde ela comentou comigo, pela primeira vez, que tinha algumas ideias e que havia começado a trabalhar no enredo principal. Usando como inspiração a série britânica *Sherlock*, que não possui um número anual de episódios e que, em vez disso, tem de um a quatro especiais, Amy pensou em fazer quatro minifilmes que teriam por volta de noventa minutos cada.

Naquele encontro, ela me perguntou se eu já tinha lido o livro *A mágica da arrumação*, da Marie Kondo. Respondi que sim, mas ela não parou por aí. Também me perguntou se eu já havia lido *Livre: a jornada de uma mulher em busca do recomeço* e/ou assistido ao filme. Eu disse que já tinha lido o livro e visto o filme e quis saber o motivo do interrogatório. Tínhamos ficado tanto tempo sem nos encontrarmos e a possibilidade de voltarmos a fazer a série parecia tão remota que nós duas acabamos nos distraindo e Amy foi embora sem me explicar por que estava perguntando aquilo tudo. O que ela queria saber na verdade era se eu estaria interessada, caso um retorno fosse possível.

Bem, sim... sim, eu estava interessada.

Alguns meses depois, no início da primavera de 2015, Amy e Dan achavam que estávamos milimetricamente próximos da realidade de fazer a série pela Netflix, mas, ainda assim, muito longe de fazer qualquer anúncio formal. A Warner Brothers e a Netflix teriam de chegar a um acordo primeiro e só então Amy e Dan entrariam na jogada com as ideias para a história... ou o contrário? Seria melhor expor as ideias primeiro e depois ver se chegaríamos a um acordo? Era um território totalmente novo. As duas empresas bancariam a série e teriam de se entender antes de qualquer coisa, e esse processo foi complicado. A tecnologia de *streaming* era novidade. Fazer o *reboot* de uma série em um canal diferente era algo novo, e transformar os episódios que no passado duravam uma hora, levando em consideração o tempo dos comerciais, em filmes de noventa minutos ininterruptos era inovador. E repare que, até aquele momento, ninguém nem tinha falado sobre os atores. Isso tudo poderia levar um bom tempo. "O acordo de *Green Eggs and Ham* demorou 18 meses para ser fechado", lembrou Amy. Dezoito meses? E eles estão adaptando *Green Eggs and Ham* para um filme também? De qualquer forma, eu sabia que não tínhamos tanto tempo assim, em parte por causa do *back lot*.

Back lot. Oi?

Você já ouviu falar da cidade de Stars Hollow? Bem, estou aqui para informar a você que ela é real. É um lugar maravilhoso e feliz, com uma vizinhança animada, aulas de balé no galpão da Miss Patty e festivais que acontecem na praça da cidade. É um lugar onde o café é de graça, *junk food* não tem calorias e onde o Kirk sempre consegue um novo emprego. Lá, as reuniões de moradores acontecem em assembleias (embora geralmente eu esteja atrasada), presididas por Taylor Doose, e, do lado de fora, perto do gazebo, você tem um labirinto de feno. É um lugar onde, todo ano, em um dia especial, eu sinto cheiro de neve. Se é assim que você quer imaginar a nossa cidade, por favor, pule o próximo parágrafo.

Porque às vezes pode ser também um lugar em Los Angeles, nos estúdios da Warner Brothers, onde outras pessoas de outras séries dão uma passadinha para fazer uma visita e eventualmente ficam com a gente por um tempo — ocasionalmente por anos. Para a nossa surpresa, ninguém reservou aquele espaço para nós por tempo indeterminado e o congelou para o nosso retorno triunfante. Várias outras séries precisavam do *back lot* por volta da mesma época que a gente, então só teríamos aquele espaço disponível para as gravações por um período de tempo bastante curto. É claro que, quando você volta a Stars Hollow, é necessário que haja uma Stars Hollow de verdade. Mas a realidade foi que, se não conseguíssemos arranjar uma maneira de começarmos a gravar em fevereiro de 2016, basicamente não filmaríamos a série.

Em março de 2015, com nada muito bem resolvido, fomos convidados para o ATX Festival em Austin, no Texas, para uma reunião de *Gilmore Girls*. Na minha troca de e-mails com a Amy daquela época, discutimos sobre onde iríamos ficar em Austin (no St. Cecilia), sobre nosso oftalmologista (Dr. Sacks) e sobre teatro (*Hand of God*... Tão bom! E... Não, até mesmo naquela época era impossível conseguir ingressos para *Hamilton*). Também discutimos sobre os diversos boatos que estavam rolando. Ouvi que o acordo estava quase fechado. Fiquei sabendo que o acordo deu errado. Scott Patterson participou de um podcast e comentou que algumas "conversas" vinham acontecendo, o que era basicamente verdade desde o dia em que a série acabou, em 2007. Mas o comentário dele deu o que falar, e as pessoas começaram a achar que ele sabia mais do que estava falando, quando, na verdade, nenhum de nós sabia de nada. Algumas semanas depois do festival, meu agente me ligou dizendo que finalmente tinha ficado sabendo que a Netflix havia se comprometido a fazer entre oito a dez episódios da série. Ótima notícia! Mandei um e-mail para a Amy, e ela respondeu falando que não havia tido notícia nenhuma.

Nesse meio-tempo, Amy continuou me fazendo perguntas misteriosas. De repente ela queria saber se eu conhecia uma ex-aluna da Barnard chamada Jeanine Tesori, e eu disse que não, mas que havia adorado o musical dela *Fun Home*. Amy me contou que ela estava com problemas de coluna e ficou se perguntando se eu já havia tido algo parecido. Amy perguntou se eu lembrava que, na época da série antiga, havia pedido a ela que escrevesse o monólogo o mais longo já feito na televisão. Nossos roteiros tinham cerca de 85 páginas, e os da maioria das séries de uma hora somavam menos de cinquenta. Porém, ainda assim, eu queria mais!

De qualquer forma, continuamos trocando inúmeros e-mails e tentando nos encontrar para uns drinques, mas alguns planos atrapalharam um pouco (acabei esquecendo que eu tinha ingressos para *Fish in the Dark* e tive uns problemas de agenda típicos de Nova York), e comecei a ficar confusa sobre as perguntas dela — se eram relacionadas à vida real ou se eram apenas ideias para *Gilmore Girls*. Será que a Lorelai faria um monólogo sobre dor nas costas enquanto arruma o armário usando botas de escalada e ouvindo composições da Jeanine Tesori? Eu não tinha ideia.

Então, um dia, de repente, saiu um release que dizia que a Netflix de fato iria fazer novos episódios — quatro, no total, com duração de noventa minutos cada. Aquilo foi emocionante, mas era novidade para praticamente todo mundo. Alexis, Kelly, Scott e eu estávamos envolvidos em todo aquele papo havia meses, e ainda tinha as inúmeras perguntas misteriosas da Amy, é claro... mas, de repente, aquilo tudo virou realidade. Ou, para ser mais precisa, do nada a Warner Brothers e a Netflix conseguiram chegar a um acordo para produzir um conteúdo que precisaria começar a ser gravado em menos de dois meses, e, até aquele momento, não havia nenhum cenário construído nem atores formalmente contratados. Que maneiro! Sean Gunn postou uma foto dele no Twitter ao lado do anúncio na tela do seu computador. Parecia totalmente surpreso, e estava mesmo. Falei com a Amy por telefone, e dei os parabéns a ela... Huh, a nós? Mas, semanas depois de você, fã, ter comemorado a volta da série, e de eu vir sendo parabenizada por estar nela, ninguém ainda havia me telefonado para dizer que eu estava no *reboot*. Além disso, na época eu estava em Atlanta filmando *Escola: os piores anos da minha vida*, o que, aliás, ainda iria levar alguns meses, e, até onde eu sabia, os horários de gravação eram completamente conflituosos. Hmmm, será que ninguém mais estava preocupado com isso? Parecia que não.

Finalmente, um dia, o telefone tocou.

Fechar um contrato em Hollywood é a última etapa de um processo divertido, franco, que vai direto ao ponto e no qual todos os envolvidos colocam suas cartas na mesa e, então, como damas e cavalheiros dignos, acordam termos e pagamentos justos para ambos os lados — e esta é uma frase que jamais foi escrita antes.

Deixe-me tentar explicar como tudo de fato acontece.

Negociar um contrato em Hollywood é como sair com um cara horrível com quem você precisa manter um relacionamento pelo simples fato de ele ser o responsável pelo seu pagamento. Para receber o dinheiro, você tem de engolir um monte de sapos e fingir que está gostando de tudo. Assim que ele fizer o pagamento, você pode terminar com ele, mas, na próxima vez que precisar dele, terá de fingir mais uma vez que está apaixonada e que não guarda nenhum ressentimento. O Namorado Cachê não retorna seus telefonemas ou, pior, liga em horas inapropriadas, quando sabe que você não poderá atendê-lo. Ele compara você a outras mulheres mais bonitas com quem saiu e dá a entender que você não está à altura dele; também faz pouco de todas as suas conquistas e esfrega na sua cara que ele tem outras 25 pessoas para quem pode ligar e convidar para jantar. Você merece esse tratamento por ser extremamente bem-sucedida! Olha como você é sortuda! O problema é que, se o Namorado Cachê for bonzinho, você pode querer que ele pague mais, e ele não quer mesmo fazer isso, de jeito nenhum. Mas a culpa não é só do Namorado Cachê, porque ele também tem um Namorado Cachê Corporativo que o trata ainda pior, e que só está interessado em acompanhar as ações de certa companhia que é dona do estúdio e não entende por que drones não podem substituir os atores nas séries de TV, já que são tão talentosos quanto, porém possuem menos gordura corporal. "Por que não podemos fazer uma série estrelada pelo carro do Google que dirige sozinho?"

Parece insano para mim agora, mas a verdade é que, até uma semana antes de as gravações começarem, era difícil acreditar que iríamos fazer a série. Ainda havia muitas peças para serem encaixadas, tantas agendas que teriam de ser sincronizadas... Alguns atores não tinham sequer sido procurados quando as gravações começaram, pois os dias e as semanas que se seguiram foram extremamente caóticos, além do fato de termos centenas de pessoas no elenco. Em meio a toda essa maluquice, eu praticamente não tive tempo para me preparar nem para processar o fato de que voltaria a interpretar uma personagem que tanto amava. Talvez por isso a série tivesse uma qualidade tão surreal. Mas, no começo, eu me sentia apenas aliviada por não ter mais de negociar. Para deixar todos vocês cientes do que realmente estava acontecendo, tuitei esta foto:

A legenda dizia: "Agora posso confirmar: chegou a hora de voltarmos ao trabalho, eu e esta jaqueta que roubei em 2007." Aliás, roubar é errado! (A não ser que seja algo legal para você colocar no seu livro. Aí tudo bem.)

Você poderia supor que todos aqueles anos nos quais fui questionada sobre a possibilidade de fazer um filme teriam me preparado para, de fato, gravar um. Ou quatro. Mas passamos sete anos sem algo real, mais de um ano com uma possibilidade remota e, então, vieram algumas semanas extremamente agitadas nas quais decisões importantes tinham de ser tomadas e, de repente, tudo estava acontecendo. Mesmo se eu soubesse desde o início que aquela possiblidade se tornaria realidade, de certa forma, não tenho certeza se meu cérebro acompanharia o que estava acontecendo. Ainda não consigo acreditar que aconteceu. Aconteceu, não foi? Sinceramente, eu nunca tinha vivido uma experiência como essa.

Para começar, eu passei o tempo todo emotiva. Não sou de chorar com facilidade, mas, ao longo dos dias e meses de gravações, me debulhei em lágrimas. Já contei aqui sobre o quão inexperiente a Alexis era quando a série começou e que as nossas falas eram tão longas e complexas que, às vezes, eu entrelaçava meu braço no dela para ajudá-la a chegar à nossa marca, não é? Mas, no dia em que voltamos à casa da Lorelai, fui eu que busquei apoio no braço dela... Eu estava tão emocionada que até tremia.

E então teve o dia em que fui à grande residência da família Gilmore pela primeira vez. Não foi emocionante apenas porque ela havia sido recriada, foi muito triste também. Ed Herrmann tinha falecido no inverno anterior. Sabe quando uma pessoa tem uma presença tão marcante que você simplesmente sente que ela está ali? Você entra em um lugar e, antes de qualquer coisa, sabe que ela está presente? Ed era assim. Sua presença era tão grande e amorosa quanto ele. Consequentemente, sua ausência também era muito palpável... O lugar estava completamente diferente sem a voz retumbante e o riso fácil que ele tinha. Kelly falou com Ed no primeiro dia no set. "Ed? Nós sabemos que você está aqui. Sentimos a sua falta", disse ela, deixando todo mundo emocionado.

Aquelas lágrimas faziam sentido. Mas também chorei por motivos simplesmente bizarros. Por exemplo, quando Chris Eigeman, um amigo muito querido, gravou sua participação, fomos ensaiar nossas falas e, assim que começamos a ler a cena, não consegui passar da primeira frase: "Caramba, Jason Stiles, que surpresa!" Normalmente, cumprimentar alguém no começo de uma cena não é o auge da emoção para um personagem ou um ator. Eu estava tão feliz em vê-lo novamente... Meu estado normal de felicidade-ao-ver-alguém não costuma envolver lágrimas, mas, nessa série, as pessoas me davam lencinhos toda hora.

Em outra cena, tive problemas para pronunciar a simples frase "Meu nome é Lorelai Gilmore e sou de uma pequena cidade em Connecticut". Tudo o que faço nessa cena é dar a alguns estranhos informações básicas. Ainda assim, por motivo desconhecido, chorei. Acho que estava excessivamente feliz por dizer o nome dela mais uma vez.

Para gravarmos o *reboot*, todos os cenários tiveram de ser reconstruídos, o que também contribuiu para a qualidade surreal da série. Ninguém havia guardado nenhum objeto cenográfico da série antiga. Para quê, não é? A Netflix nem existia quando a série acabou, e ninguém tinha motivo nenhum para imaginar que um dia voltaríamos à residência da família Gilmore, ao restaurante do Luke ou a Stars Hollow. Não havia mais o gazebo no *back lot* — tiveram de construir um. Também não tínhamos as medidas exatas dos cômodos, então, mesmo tentando reconstruir os cenários da maneira mais fiel possível, eles ficaram ligeiramente diferentes. Isso ressaltava a sensação estranha e maravilhosa de estar de volta. Na casa da família Gilmore, por exemplo, a entrada era bastante fiel, mesmo ficando um pouquinho maior que a da casa original. Tudo era igual, mas, ao mesmo tempo, novo. Notei as pequenas mudanças porque conhecia intimamente aqueles cômodos, como se aquela casa fosse de verdade e eu tivesse realmente morado lá por anos.

Estávamos de volta aos estúdios da Warner Brothers, exatamente como na primeira vez, mas todas as locações que abrigavam nossos cenários agora eram outras. Era sempre uma surpresa sair da casa da Lorelai e esbarrar com amigos que trabalhavam no programa da Ellen DeGeneres, porque antes não ficávamos nem um pouco perto do estúdio deles. Mas, por outro lado, pelo fato de certos cenários terem ficado tão parecidos com os originais, eu às vezes perdia a noção do tempo — por alguns breves instantes, todos os dias, eu achava que ainda estava fazendo a série antiga, até que algo do presente me lembrava que o tempo havia passado.

Então veio o El Niño. Dado o quão apertado estava o nosso cronograma no *back lot*, não podíamos desperdiçar nenhum dia. Mas havia uma previsão de grandes tempestades. E muita chuva. Uma cidade como Stars Hollow não tem muitos dias nublados, então ficamos preocupados. E esperamos. Mas a tempestade não caiu, e, para completar, o tempo desempenhou seu papel durante as gravações, quase como se também tivesse sido escalado para a série. Quando estávamos gravando o episódio "Verão", o clima estava ameno, durante o "Outono", havia um frescor no ar, nos dias do "Primavera" tivemos brisas agradáveis e, nas gravações do "Inverno', pegamos um frio fora de época. Para o sul da Califórnia, isso foi mais do que mágico. E quanto às tempestades do El Niño? Não vieram.

De todos os sentimentos que pude experimentar, o mais forte foi o de gratidão. Aproveitei todos os minutos e saboreei cada cena de um jeito diferente da época da série original. Isso teve a ver, em parte, com o fato de eu estar em outro estágio da vida pessoal e profissional. Eu não estava mais começando e agora tinha uma noção muito maior da sorte de fazer parte daquele elenco e daquela equipe. Senti um enorme prazer em ter a chance de proferir os textos escritos pelos Palladinos mais uma vez. E agora entendia, com toda a minha alma, antes de qualquer coisa, o quão raro era ter a oportunidade de fazer parte de algo tão especial. Com todo aquele alvoroço na primeira vez, foi difícil ter uma ideia da dimensão daquilo. Desta vez, eu era grata por cada dia.

Também ficamos emocionados pelo seu entusiasmo e de todos os fãs. Normalmente, quando nós, atores, começamos um novo trabalho, não temos ideia se o que estamos fazendo vai dar certo ou se o público vai gostar. Saber que estávamos fazendo uma coisa pela qual ao menos algumas pessoas já estavam muito ansiosas era sensacional. E o seu apoio contribuiu muito para tornar cada dia tão especial. Muito obrigada por isso. Depois de anos sem ter uma resposta para dar quando você (e Mike Ausiello!) me perguntava sobre a possibilidade de haver um filme de *Gilmore Girls*, finalmente eu tinha algo a dizer. E o fato de aportarmos na Netflix foi uma honra também. Geralmente executivos de TV estão sempre nervosos e apreensivos, mas com os da Netflix e os da Warner Brothers as coisas eram diferentes, eles estavam sempre felizes e sorrindo. "Nós sabíamos que era grande, mas não tínhamos ideia de que era *tão* grande assim", disseram eles. Todo mundo estava animado e orgulhoso.

Então, como foi? A verdade é que foi tantas coisas ao mesmo tempo que não há um jeito simples de descrever, nada que faça justiça. Eu mantive um diário no qual anotava um monte de coisas (o que desejei ter feito na primeira vez), para tentar entender a intensidade daquilo tudo e ter um registro daqueles dias quando a série chegasse ao fim, para ver se isso me ajudaria a processar toda aquela experiência.

Aqui estão apen as alguns dos dias de gravações mais memoráveis de *Gilmore Girls: um ano para recordar.*

TERÇA-FEIRA, 2 DE FEVEREIRO DE 2016

É o primeiro dia de filmagem. Como eu disse, tivemos pouquíssimo tempo entre "Vamos fazer isso?" e "Uau, vamos fazer isso!". Além disso, as minhas gravações em Atlanta terminariam apenas alguns dias antes da data marcada para o início das filmagens de *Gilmore Girls*. Dessa vez, não foi possível fazer um monte de provas com a Brenda, nossa figurinista, e planejar uma bateria de looks. Só tivemos tempo para uma prova e escolhemos um punhado de roupas.

A manhã foi um pouco confusa, como de praxe. A primeira cena que filmamos não é a primeira que você vai ver, mas faz parte da sequência de abertura, então estava basicamente escolhendo a roupa para a primeira vez que você iria ver a Lorelai, o que me deixou um pouco nervosa. Por alguma razão, nada do que já havíamos escolhido parecia o ideal para aquele dia, então pedi para trazerem mais opções. "Traz algumas blusas pra eu dar uma olhadinha", pedi a Cesha, da equipe de figurinistas que estava comigo no set. Cesha e eu trabalhamos juntas durante os sete anos da primeira série, então ela me entende. Ela encheu uma arara com várias peças. Experimentei e tirei um monte de coisas... Nada parecia o ideal. Mas, quando alguém bateu à porta do meu trailer para me avisar que as câmeras estavam prontas, peguei uma blusa azul de um cabide — sempre que estiver na dúvida, escolha o azul! Ela ficou um pouco grande em mim, mas Cesha a ajustou nas costas. Em seguida, subi na minha bicicleta e fui depressa para o set.

Prefiro ter uma bicicleta para me locomover pelo set a usar a van que eles disponibilizam. Às vezes, aqueles curtos momentos entre uma cena e outra são os únicos que tenho só para mim durante o dia inteiro, e, além do mais, gosto de me exercitar, mesmo que seja por pouco tempo. Minha bicicleta estava novinha em folha — é verde-clara e foi um presente que ganhei quando *Parenthood* acabou. Nosso chefe, Jason Katims, deu uma para cada integrante do elenco e da equipe. Foi muito legal! Todas elas vieram com uma plaquinha que dizia BRAVERMAN. Olhei para a plaquinha no primeiro dia e me perguntei se deveria tirá-la da bicicleta — será que aquilo poderia me confundir e fazer com que eu pensasse em onde o Hank poderia estar? Mas decidi que seria legal levar um pouquinho da Sarah comigo para um passeio.

Pedalei até o set e fui retocar a maquiagem. Minutos antes de começarmos a gravar, senti uma coceira na nuca. Pensei que um dos alfinetes que Cesha havia usado para ajustar a blusa estava me espetando. Ela se deu conta de que, como tive de me vestir correndo, não havia tirado a etiqueta. Ela a arrancou e nós começamos a cena.

No primeiro dia, vi vários rostos sorridentes. Um dos que mais gostei de rever foi o do George, nosso preparador de diálogo. Depois de passarmos as falas, comentamos o episódio do dia anterior de *American Idol*, o que me fez lembrar o quanto gostávamos de conversar sobre o programa na época da série original. Eu me lembro de ter ficado maravilhada com a Kelly Clarkson na época (que tive a sorte de conhecer). Como era engraçado e perfeito o fato de *AI* estar em sua última temporada e agora termos a chance de conversar sobre os competidores uma última vez. O dia correu de forma tranquila, e percebi o quão bizarramente fácil foi entrar no ritmo que deixei para trás há tantos anos.

No fim do dia, Cesha bateu à porta do meu trailer. Ela estava com uma cara engraçada. "Quero te mostrar uma coisa", disse. "Eu juro que não tinha visto isso ainda."

Ela me entregou um pedacinho de papel e, por um momento, fiquei confusa. "O que é isso?", perguntei.

"É a etiqueta da blusa que você usou de manhã", respondeu ela. "Eu tirei da blusa aquela hora, mas não tinha olhado para isso até agora."

Olhei para a etiqueta de novo e, daquela vez, suspirei. Eu não teria acreditado nisso se não tivesse visto. Acho que você também não, então lá vai:

Dá para acreditar nisso? Tá bom, tinha uma letra errada... Mas a blusa tinha um nome. E era *o nome da minha personagem*. E não se chama apenas "Lorelei", o que já seria coincidência demais, e sim "Lorelei *Dois*"! E aquele era o nosso primeiro dia, e a *segunda vez* que eu interpretava a personagem! E era... Tá, tá bom... Você entendeu. Cesha e eu olhamos uma para a outra com os olhos arregalados. Será que eu de repente tinha caído em algum tipo de mundo mágico povoado por fadas? Concluí que aquilo era no mínimo um sinal de que coisas boas estavam por vir. Prendi a etiqueta na parede do trailer com uma fita adesiva, bem em cima da pia, para me lembrar todos os dias de que uma estranha e maravilhosa magia poderia estar reservada para nós.

QUARTA-FEIRA, 10 DE FEVEREIRO

Yanic e eu temos uma cena na Dragonfly na qual ele está chateado com o fato de que todos os atores mais famosos do filme que está sendo feito na cidade estão hospedados em uma pousada concorrente, e que só tinha sobrado para a Dragonfly os menos famosos. Ele chega a dizer "A gente nunca vai pegar a Jennifer Lawrence. E qual é o sentido da vida se você não pode pegar a Jennifer Lawrence?". O Michel do Yanic sempre foi um personagem muito engraçado, mas, nesta série, ele consegue brilhar de verdade, e nós tivemos vários momentos maravilhosos em nossas cenas.

Em seguida, Paul Anka (a pessoa, não o cachorro) chegou ao set — ele aparece em um sonho da Lorelai. Ele (a pessoa, não o cachorro) é hilário, muito profissional e super-atraente. Mesmo já tendo trabalhado com ele antes, fiquei estranhamente tímida perto dele e, do nada, perguntei quantos filhos ele tinha. Tipo, nem estávamos conversando sobre filhos nem nada parecido... Ele provavelmente só estava elogiando a massa incrível que tinha comido no almoço e eu falei "Quantos filhos você tem?". Que mico!

QUINTA-FEIRA, 11 DE FEVEREIRO

O presidente Obama foi um dos convidados do programa da Ellen DeGeneres, e o estúdio inteiro ficou agitado e confuso com tantas medidas de segurança. Fui chamada um pouco mais cedo "caso bloqueassem todos os celulares". Hmmm, eles podem fazer isso? Gravamos a cena na qual

Lorelai fala com o Luke que vai embora para "fazer *Livre: a jornada de uma mulher em busca do recomeço*" (o livro, não o filme). Digo a fala "eu sei" 13 vezes, mas é uma cena estranhamente emotiva — o começo de uma grande jornada para Luke e Lorelai.

SEXTA-FEIRA, 12 DE FEVEREIRO

Encontro Dax Shepard no trailer de cabelo e maquiagem! O mundo é muito pequeno mesmo! Ele estava cortando o cabelo com um *hair stylist* que ele conhecia e que trabalhava com a gente. Dax estava bebendo suco verde e se preparando para estrelar *CHiPs,* escrito e dirigido por ele. Além de ele ser uma espécie de gênio, sua gordura corporal, que já era inexistente, parecia ter diminuído ao nível do monte Everest. (Como assim? Montanhas não têm gordura corporal, tem? Não, nem Dax Shepard.) Ele me deu um de seus típicos abraços que tocam o corpo inteiro. Que forma incrível de começar o dia!

TERÇA-FEIRA, 16 DE FEVEREIRO

Ao longo de toda a gravação, por segurança e para evitar serem vistos por todos vocês, queridos da indústria da internet, os roteiros dos episódios inteiros e os do dia vinham todos com marcas-d'água com os nossos nomes. Dessa forma, se alguma coisa vazasse, eles saberiam de quem tinha sido a culpa. Os roteiros do dia eram numerados também, a fim de manter um registro do número de cópias que estavam circulando. Tenho o hábito de perder coisas no estúdio que chega a ser ridículo: óculos, bolsas, celulares. Estou sempre escondendo coisas atrás de alguma almofada e depois esqueço onde as coloquei. Perdia meus roteiros dez vezes por dia e sempre pegava os de alguém emprestado. Então, eles faziam uma brincadeirinha comigo: mesmo se aquele fosse meu primeiro roteiro do dia, eles sempre estavam marcados como LG#4, como se eu já tivesse perdido três cópias antes mesmo de termos começado o dia. Hahahahaha! Vocês me pagam, equipe de assistentes de direção!

Eddy, o meu agente, veio me visitar. Bom, sejamos sinceros... Ele veio visitar outra cliente que tinha no estúdio, a Campeã Mundial de Luta Profissional Ellen DeGeneres. Pelo menos é isso o que ela faz da vida no *meu* livro! Ela não tem permissão para chamar os comerciais aqui! O poder subiu à minha cabeça! Eddy me disse que tem "expectativas médias a altas" em relação à série, o que, em dialeto de agente, quer dizer... Bom, tenho quase certeza de que ele acabou de me pedir em casamento.

Sarah Ramos, que interpretou minha sobrinha em *Parenthood*, também veio nos visitar. Eu a coloquei no fundo de uma cena. Será que você consegue encontrá-la?

Minha maga dos cabelos, Anne Morgan, já foi embora, e um dos meus cabeleireiros preferidos, Jonathan Hanousek, a substituiu. Ele sempre sabe todos os segredos mais ultrassecretos de Hollywood e naquele dia me contou sobre um software que estava sendo desenvolvido para uma câmera que detecta movimentos dos olhos e da boca, mas suaviza todo o restante do rosto de uma pessoa, transformando-o em um suave borrão. Foi criado para ajudar atores mais velhos a pareceram mais jovens, acho. Uau, estranho... E onde é que me inscrevo para esse borrão tecnológico?

SEGUNDA-FEIRA, 22 DE FEVEREIRO

Sutton Foster esteve aqui. SUTTON FOSTER ESTEVE AQUI. Ela veio só para fazer umas provas de figurino e ensaiar, mas em algumas semanas estará de volta para gravar suas cenas.

Acho que poderíamos interpretar duas irmãs. Você também não acha?

QUARTA-FEIRA, 24 DE FEVEREIRO

Foi praticamente nesse momento que me dei conta de que não sabia nem nunca soube quais eram as últimas quatro palavras da série. Isso podia parecer louco, levando em consideração o quão animado todo mundo parecia estar para enfim saber quais eram. Pior ainda, eu nem sabia que as quatro últimas palavras eram algo importante. Não sei como eu pude deixar essa informação passar. Por alguma razão, Amy e eu nunca conversamos sobre isso, e a senhora Jackson não sabe usar a antiga Tinternet muito bem. Bom, de alguma forma, o rebuliço todo me passou batido, acho que em parte por causa da minha insistência em usar palavras pouco comuns como "rebuliço". Quando comentei o assunto com a Amy no trabalho, ela inclinou a cabeça e olhou para mim como se pensasse que eu estava brincando. "Eu nunca te disse quais são?", perguntou ela. "Uau." Ela não conseguia acreditar nisso. "Bom, você quer saber agora ou prefere esperar até o dia em que teremos que filmá-las?"

Tenho de admitir que, quando ouvi isso, meu coração começou a bater um pouco mais rápido, e mesmo que eu não soubesse, até pouquíssimo tempo atrás, que havia esperado mais de 15 anos por essa informação, ainda não tinha certeza se estava pronta para ela. "Hmmm... Não sei. Hmmm, quem diz as quatro palavras?", perguntei, para ter um pouco mais de tempo.

"Vocês duas", respondeu ela. (Ou seja, eu e a Alexis.) Por um instante, achei que não iria querer saber... Queria prolongar aquilo por mais um tempo. Será que deveria tentar adivinhá-las? Mas não consegui pensar em nada. É muita pressão! Fãs e Mike Ausiello, como vocês conseguiram ficar todos esses anos sem saber isso?

"Tá, pode falar", disse, finalmente. "Me diz." Tipo, não conseguia nem respirar. Foi realmente ridículo eu ter ficado tão nervosa. Então Amy me falou quais eram as quatro últimas palavras. Muito rápido. Pisquei algumas vezes, sem expressão. Então, do nada, me acalmei. E me dei conta de que ainda estava prendendo a respiração, como se estivesse esperando o resultado de uma biópsia. Quando finalmente respirei, disse algo do tipo "Ah". E depois disso veio um "*É mesmo?*".

Na verdade, ainda estou tão paranoica por conta do estardalhaço que foi feito por causa dessas palavras que não vou nem dizê-las aqui... Talvez você já saiba do que estou falando a esta altura, não é? As palavras são maravilhosas, é claro, e possuem uma simetria simples, que faz total sentido dentro da origem da história de *Gilmore Girls*. No entanto, não são o que eu esperava, porque não representam o que eu consideraria a definição exata de uma conclusão. Elas não só não encerram a história que estamos contando como também introduzem algo que não era previamente sabido. Para mim, isso não é precisamente um fim. Para mim, está mais para um...

"Isso não está mais para um *final aberto*?", pergunto à Amy.

Mas ela não me responde.

Apenas sorri.

Hmmmm.

SEXTA-FEIRA, 26 DE FEVEREIRO

Era inacreditável, mas o primeiro "bloco" do cronograma havia acabado. Isso significava que tínhamos concluído um terço do nosso trabalho. Glup! O tempo estava voando.

Neste dia começamos uma série de cenas no galpão da Miss Patty — uma bateria de reuniões de moradores da cidade. Um dos meus melhores amigos, Sam Pancake (sim, esse é o nome de verdade dele), veio interpretar um personagem novo chamado Donald. Sempre quis que ele participasse da série, mas nunca surgiu nada que fosse a cara dele. Ainda assim, falei tanto dele para a Amy e o Dan ao longo dos anos que, quando tudo foi finalmente acertado, não pude deixar de tentar mais uma vez. Falei com a Amy que, mesmo sabendo que eu era muito sortuda por estar de volta, ainda queria mais uma coisa.

"Eu sei, eu sei", disse ela antes que eu conseguisse terminar. "Vamos pensar em um papel pro Sam."

Rá! E você aí pensando que realizar esse sonho já era bom demais para ser verdade. Mas continuei tentando encaixar amigos e parentes onde dava. Minha amiga Clare Platt caminha pela cidade em "Outono", meu afilhado Clyde passa por mim perto do gazebo em "Inverno", Mae e outras amigas surpresa interpretam papéis fundamentais (ou às vezes não tão fundamentais assim). Se você fosse alguém querido que viesse me visitar, eu iria querer colocá-lo em alguma cena também.

SEGUNDA-FEIRA, 29 DE FEVEREIRO

Todas as mesas de leitura vinham sendo fantásticas, mas, naquele dia, chegamos à primeira metade do último episódio, e havia algo especial no ar. Pelo fato de estarmos no meio das gravações, a leitura de "Outono" foi dividida em duas.

A primeira parte hoje, e o restante amanhã. Nas leituras anteriores, Kelly estava em sua casa em Nova Jersey e leu as falas da Emily por telefone. Mas ela finalmente estava de volta. Foi maravilhoso vê-la no set, mas isso fez com que eu me desse conta de como sentia a falta do Ed. Ele teria adorado isso tudo.

Uma coisinha em relação ao episódio "Outono": não tive muito tempo para ler o roteiro. Não gravamos nenhuma cena dele nas primeiras semanas, então consegui adiar a leitura um pouquinho. Amy ficava me perguntando se eu já o tinha lido, e eu respondia com risadinhas nervosas. Não sei exatamente o que estava me travando... Talvez fosse medo de chegar ao fim ou de me decepcionar com o desfecho da série depois de todos aqueles anos. Mas jamais vou esquecer o dia em que finalmente sentei na minha cozinha para ler o roteiro. Chorei do início ao fim.

TERÇA-FEIRA, 1º DE MARÇO

Aconteceu a segunda metade da mesa de leitura de "Outono". David Sutcliffe estava presente mesmo já tendo gravado sua cena com a Alexis. Foi tão bom vê-lo também. Sempre tivemos um carinho especial um pelo outro, e estou triste por não termos nenhuma cena juntos no *reboot*. Perguntei se ele tinha percebido que aquele final não era necessariamente uma conclusão... "É quase um final aberto, não é? Quero dizer, estou certa, não estou?" Comento isso mais uma vez com a Amy e com o Dan também, mas eles não falam nada. Apenas assentem e sorriem.

Não sei se é o monólogo mais longo da televisão, como Amy e eu discutimos na época, mas o discurso que faço sobre o Richard no final do episódio certamente é o maior que já interpretei. Também acho que é uma homenagem linda que a Amy fez tanto para o Richard quanto para o Ed. O episódio inteiro é emocionante e, quando a leitura termina, todo mundo está destruído.

QUARTA-FEIRA, 2 DE MARÇO

Nossos executivos da Netflix, Matt Thunell e Brian Wright, apareceram para nos avisar que as primeiras sete temporadas da série antiga estariam disponíveis a partir de julho em todos os países. Me perguntei se Alexis e eu teríamos de viajar para terras distantes...

Yanic precisou citar *A noviça rebelde* em uma cena na Dragonfly hoje, e pediu a mim que contasse o filme para ele, já que nunca o tinha visto. Ele também queria que eu pronunciasse para ele *Auf Wiedersehen*. E palavras em alemão pronunciadas com sotaque francês são adoráveis. Gary, que foi meu assistente por dez anos e durante toda a série original, também apareceu no set. Ele fez uma participação em um daqueles anos, mas eu adoraria vê-lo em algo mais substancial desta vez. Outro querido a ser incluído na lista!

QUINTA-FEIRA, 3 DE MARÇO

Scott e eu temos uma grande cena. Durante um dos intervalos, perguntei se ele percebeu que o final ficou meio aberto. Ele apenas deu de ombros. Ninguém parecia tão incomodado com isso quanto eu.

Kelly Wolf, a mãe de verdade do Max de *Parenthood*, tem algumas cenas com Scott e Kelly nas quais interpreta uma agente imobiliária. O mundo é muito pequeno mesmo!

Amy e eu pensamos em ir ao Smokehouse beber um martíni e comer *cheesy bread*. Alexis e eu conversamos sobre organizar um jantar. Nenhuma de nós sabia disso ainda, mas não teríamos tempo para nada disso até que as gravações fossem encerradas.

SEXTA-FEIRA, 4 DE MARÇO

Chegou a hora da minha primeira cena com a Kelly, e foi o nosso primeiro dia juntas no cenário que é a casa da família Gilmore. Na série, Emily encomenda um quadro do Richard e, assim que entramos na sala de estar, lá estava o rosto dele, com 3 metros de altura. Por um momento, ninguém falou nada. Então Kelly pediu a Ed que, naquele dia, de alguma maneira, mostrasse que estava presente fazendo algo que chamasse nossa atenção. Mais tarde, durante a cena, um dos canhões de luz principais desligou sozinho.

"Obrigada, Ed", disse ela.

Lágrimas.

QUINTA-FEIRA, 10 DE MARÇO

Quando li pela primeira vez as cenas de *Stars Hollow, o musical*, no episódio "Verão", escrito por Dan Palladino, pensei: "Ah, isso vai ser divertido." E, quando digo a você que poderia assistir a Sutton Foster e Christian Borle atuando o dia todo, não estou exagerando. Dan e Amy escreveram as letras, e a música é da Jeanine Tesori (*Fun Home*, *Shrek*). As músicas são maravilhosas e hilárias, eu mal consegui ficar séria. Já estou vendo esse minimusical se tornar um sucesso e ser interpretado nas escolas do mundo todo.

Mais tarde no mesmo episódio, a personagem da Sutton canta uma música mais séria para mim, e é nessa reviravolta que Lorelai se dá conta de que precisa embarcar em uma jornada. Você ficará chocado e surpreso ao saber que chorei em cada tomada. Foi um privilégio poder contracenar com esses dois.

QUARTA-FEIRA, 16 DE MARÇO

Foi meu aniversário, e meu pai, minha madrasta Karen, minha irmã Maggie e meu cunhado Rick estavam na cidade para visitar o set e comemorar o dia comigo. Morgan e Tania McComas, minha maquiadora, decoraram o trailer onde fazemos cabelo e maquiagem e me encheram de mimos, e dividi com todos que estavam lá um pudim de banana enorme da Magnolia Bakery. Essas mocinhas cuidaram de mim de um jeito muito especial durante nossa jornada, e sou muito grata a elas.

Meu pai, que recentemente se aposentou, achou que seria legal tirar uma foto em frente à casa de repouso Stars Hollow Pretty Pastures para enganar seus amigos e fazer com que eles pensassem que ele tinha se mudado para lá. Ha!

QUINTA-FEIRA, 17 DE MARÇO

Foi o último dia de gravação de *Stars Hollow, o musical*, no galpão da Miss Patty e também de trabalho para Carole King, que esteve no set durante os últimos dias interpretando Sophie novamente. Também foi o último dia do meu querido Sam. Depois de uma longa jornada de gravação, finalmente terminamos e todos começaram a se dispersar. Carole é pequena e reservada, uma delicada observadora. Mas, neste dia, ela não ficou quietinha em seu canto. Ela se levantou e caminhou decidida pela multidão até chegar ao piano. Suas mãos flutuaram sobre as teclas, e ela perguntou naquela voz distinta e rouca: "Alguém quer ouvir música?" Todos pararam. Alguns levantaram os telefones. "Podemos filmar?", perguntou alguém. Carole sorriu e pensou por um segundo, então disse gentilmente: "Não!" Os telefones foram guardados. Palavras ressoaram dos walkie-talkies. Os integrantes da equipe se apertaram em um espaço já lotado, o silêncio caiu e Carole começou a tocar.

Foi simplesmente incrível.

Como ninguém estava preocupado em gravar, conseguimos realmente vivenciar por completo esse miniconcerto tão íntimo. (A senhora Jackson ficaria orgulhosa.) Olhei ao meu redor e vi tantos rostos que amava, todos felizes. Carole cantou "I Feel the Earth Move" e nos incitou a participar, e cantamos suavemente, embalados pela melodia. Quando acabou, foram só aplausos. Muitos. Ela simplesmente arrasou. Todos ficaram agitados e animados com o que haviam acabado de presenciar. Pensamos que havia acabado, mas, de repente, Carole disse: "Mais uma!" E então começou a tocar "You've Got a Friend". Olho para os rostos de todos eles: Sally, Biff, Rose, meu querido, queridíssimo Sam. Meu assistente de direção, Eric, que veio de *Parenthood*. Dan, Amy. Velhos e novos amigos. Rostos tão felizes. Quando eu e Amy cruzamos os olhares, consegui imaginar como deveria estar o meu rosto: vermelho e inchado, com lágrimas rolando pelas faces. Sorrimos uma para a outra e assentimos, como se disséssemos: *Ainda não consigo acreditar. Você consegue? Conseguimos! Estamos aqui! Esses dias estranhos e maravilhosos estão realmente acontecendo!*

E então Carole chegou a uma parte da música que eu meio que esqueci que existia, mesmo que já a tivesse ouvido um milhão de vezes: "Winter, spring, summer, or fall, all you've got to do is call..."

Neste momento, estava morta. Destruída. Só conseguia fungar.

Depois, quando todos estavam saindo do estúdio, Amy e Dan vieram falar comigo e me contaram algo curioso: Carole não sabia que a música dela tinha inspirado os títulos dos episódios nem que eles estavam naquela ordem por conta disso. Eles nem mesmo chegaram a perguntar a ela se poderiam usar a música em algum momento na série, e eles queriam fazer isso. Ela simplesmente tinha escolhido tocar essa música. Outra coincidência incrível.

Concordei e pisquei para liberar mais algumas lágrimas. A essa altura do campeonato, não estava nem mais surpresa. Já tinha aceitado aqueles dias únicos e mágicos. Dias encantadores e mais um milagre engraçado.

SEXTA-FEIRA, 18 DE MARÇO

Foi a noite em que filmamos a última cena da série, as quatro últimas palavras. Todos que estavam no set tiveram de assinar um acordo de confidencialidade. Alexis e eu gravamos o final, seguido de sequências incríveis com dançarinas de saias rodadas rodopiando. Na cena, Scott me empurra em uma espécie de carrinho com rodinhas por um túnel de vegetação e parece que estou voando, como se fosse *Alice no País das Maravilhas.*

Scott e eu temos um rápido passo de dança. Dura alguns segundos, no máximo. Marguerite, a coreógrafa, disse que deu para ver que eu tenho uma habilidade natural para dançar. Tenho certeza de que ela só falou isso para ser simpática. Mas até hoje não parei de me gabar e fico repetindo isso andando pela casa desde então.

SEGUNDA-FEIRA, 21 DE MARÇO

Acordei no meio da noite pensando em café. Será que a Lorelai está bebendo café o suficiente? Àquela altura, eu era praticamente movida a café, mas fiz uma anotação mental para me certificar de que ela também fosse.

Mae apareceu para sua participação, mas estava muito, muito doente, com uma dor de estômago terrível. Então, se nossa breve cena parecer um pouco esquisita, é porque nossa intenção era gravar rápido, antes que ela precisasse do balde para vomitar mais uma vez. Hollywood! Tudo é brilho e glamour!

Michael Ausiello também apareceu para sua participação. Ele me mandou um bilhete simpático quando terminou, dizendo que tinha sido emocionante estar ali. Eu te entendo, irmão.

QUARTA-FEIRA, 23 DE MARÇO

Filmamos a abertura de "Inverno" e da série toda. Embora já estivéssemos gravando há um tempo, eu estava tão nervosa que não consegui dormir direito. Durante a noite, a cidade foi misteriosamente decorada e coberta com neve. Não tenho ideia do que aquela neve é feita, mas de uma coisa tenho certeza: ainda tem um pouco daquilo grudado nas minhas botas Ugg, resquício da série antiga. Alexis e eu caminhamos de braços dados pela cidade, como fizemos tantas vezes antes. Fiquei bem na parte da manhã, mas, pouco depois, mal conseguia passar da fala "Sinto cheiro de neve". Estávamos nessa havia um tempo, mas parecia que eu não era capaz de me conter.

TERÇA-FEIRA, 5 DE ABRIL

"Ei, essa bicicleta é a mesma da última vez?", perguntou um cara aleatório da equipe de outro programa quando passei por ele.

"Bicicleta nova, mesma personagem!", respondi. Tive um déjà-vu, e, aparentemente, as outras pessoas também.

Minha editora, Jen Smith, veio nos visitar e estava preocupada com o deadline do livro. Ela passou o dia no set e viu quantas horas eu trabalhava e o quão curto era o tempo para escrever entre um intervalo e outro. "Você acha que vai conseguir?", perguntou ela, parecendo muito nervosa. Eu me senti mal e me perguntei se algum dia iríamos trabalhar juntas em um projeto no qual eu não fizesse a pressão arterial dela subir por meses a fio. Sejamos sinceros: provavelmente não!

Melissa participou do programa da Ellen DeGeneres e anunciou que estaria em *Gilmore Girls.* Logo depois, ela foi visitar o set. Eu não a via fazia anos e, mesmo assim, parecia que o tempo não tinha passado. Estava usando um vestido floral lindo que ela mesma havia criado. Melissa sempre foi uma decoradora incrível, de muito bom gosto, e nos divertimos muito comparando algumas anotações que fizemos quando estávamos montando nossas primeiras casas, que eram na mesma rua. Nós todos ficamos conversando — Melissa, o marido dela, Ben, eu, Yanic, Amy e Dan —, até que o trabalho finalmente nos chamou. Como nos velhos tempos.

As cenas daquele dia eram com a Kelly. Emily Gilmore leu *A mágica da arrumação* e decidiu se livrar de quase tudo na casa. Tem um monte de antiguidades da família espalhadas por todos os lados. É uma cena engraçada mas também deixa claro que Emily está lutando para seguir em frente, e Kelly está fantástica.

A capa da *Entertainment Weekly* sobre a série deveria sair só dali a uma semana, mas soubemos que a imagem tinha vazado na internet. Os editores ficaram chocados — a única outra vez em que algo parecido aconteceu foi quando alguém conseguiu a capa de *Star Wars* antes da publicação. Empresa legal! Obrigada, hackers da internet!

SÁBADO, 9 DE ABRIL

Mae me fez uma surpresa ao agendar massagens para nós duas em um lugar do qual gostamos muito. Normalmente o agendamento deve ser feito com semanas de antecedência, e eu logo quis saber como ela conseguiu marcar assim tão rápido. Mae admitiu ter fingido ser minha assistente. Aparentemente, o nome da minha assistente é Mindy, e ela é gentil porém firme.

SEGUNDA-FEIRA, 11 DE ABRIL

Rachael Ray esteve aqui! Ela é uma gracinha e fez um trabalho incrível em sua cena.

TERÇA-FEIRA, 19 DE ABRIL

Foi a vez de Roy Choi aparecer! Ele é muito legal, mas acabei me esquecendo de pedir para tirar uma foto. Ele é um cara intenso, esperto e chegou cem por cento preparado para a cena. Entre uma tomada e outra, ele me falou sobre as semelhanças entre um chef e um ator, ressaltando que ambas as profissões requerem precisão pessoal enquanto se mantém ciência do conjunto. Uau! Complexo, não?

Durante a cena na qual discutimos sobre se deveríamos ou não demitir Roy, Yanic diz "*balaone*" em vez de "*abalone*", o que fez todo mundo morrer de rir. Aparentemente, ele nunca comeu o peixe também.

Gary. Ainda preciso encontrar um papel para o Gary.

Mike, um dos cenógrafos, me perguntou a semana toda o que eu gostaria de comer na próxima cena de acampamento em vez das almôndegas desidratadas que estão no roteiro. Ele precisava preparar tudo com antecedência e se certificar de que teria bastante caso tivéssemos de fazer muitas tomadas. Bolinhas de merengue de chocolate? Bolinhas de macaron de coco? Bolinhas de hambúrguer vegetariano? Por algum motivo, não consegui me decidir. "Posso te responder mais tarde?", perguntei.

QUARTA-FEIRA, 20 DE ABRIL

Mae e Alexis vão fazer uma leitura juntas. Sério! O mundo é muito pequeno mesmo! Eu queria ter estado lá para ver a cena mágica das minhas duas garotas especiais favoritas juntas.

SEXTA-FEIRA, 22 DE ABRIL

Ficamos sabendo que o Prince faleceu. Amy era uma grande fã dele, foi a vários shows, e todo mundo ficou meio deprimido com a perda.

Meu anuário do último ano do ensino médio apareceu na minha caixa de entrada. A mulher de um amigo meu da escola o encontrou na casa deles. Eu o entreguei para o agora marido dela assinar no último dia de aula, e ele esqueceu de me devolver. Então é por isso que posso finalmente revelar para você uma outra antiga paixão minha, sobre a qual nunca falei: a época em que dediquei minha juventude à Interbuilding Communications.

Hmmm, hein? Este que está do meu lado esquerdo é o Charlie, meu namorado na época do ensino médio, que talvez tenha uma parcela de culpa no meu envolvimento com esse grupo. Mas eu tenho zero lembranças do assunto. Se você um dia estiver no norte da Virgínia e começar a se perguntar a quem deve agradecer pelo fato de os prédios de lá parecerem tão bem integrados... bom, seria a mim e ao meu colete de lã irado.

Mike estava de volta. Ele *realmente* precisava saber o que eu gostaria de comer na cena das almôndegas desidratadas. Bolinhas de granola? Bolinhas de peito de peru? Almôndegas desidratadas de verdade? Eu ainda não tinha me decidido! Perguntei se poderia responder mais tarde. Ele suspirou.

SÁBADO, 23 DE ABRIL

Na primeira vez que li o roteiro do "Outono", no qual Lorelai parte para uma aventura meio selvagem, eu sabia que Peter teria de fazer o papel do guarda-florestal. De algumas formas na vida real, Peter *é* um guarda-florestal, e ter alguma coisa ao ar livre e relacionada à natureza como profissão é definitivamente um caminho que a vida dele poderia ter tomado. Além disso, o personagem aparece na série bem mais à frente, e pensei que poderia ser uma surpresa legal para você. O seriado da ABC no qual ele está, *The Catch*, foi muito gentil ao liberá-lo para isso. Mas estávamos a dois dias do fim da participação dele, e havia acontecido um imprevisto: não tínhamos mais a locação para uma cena importante, e o Peter não foi liberado para o dia todo. O guarda-florestal tem duas cenas longas, ambas em Malibu, que fica facilmente a uma hora de qualquer lugar em Los Angeles. Então teríamos de pensar rápido! Poderíamos dividir as duas cenas em dois papéis diferentes? Mas quem chamaríamos tão em cima da hora? *Como iríamos fazer isso?*

SEGUNDA-FEIRA, 25 DE ABRIL

Conseguimos! Obrigada, Jason Ritter!

QUARTA-FEIRA, 27 DE ABRIL

Alguém mencionou casualmente que aquele dia seria o último no cenário da casa da Lorelai. Espere! O quê? Só então me dei conta de que realmente estávamos muito perto do fim. Só faltavam dez dias de gravação. Como isso havia acontecido? Pensei que deveria levar alguma coisa do set como lembrança. Por anos, jornalistas têm me perguntado se levei alguma lembrança do set da série original, o que eu não fiz, pois não fazíamos ideia, naquela época, de que o último dia seria o último mesmo. Meu casaco azul foi algo que um dia, sem querer, levei para casa e esqueci que estava comigo até o dia de voltar ao trabalho. Além disso, eles sempre parecem mais interessados em um roubo grandioso e intencional. Não sei quando pegar coisas dos sets virou uma tradição entre os atores... Não consigo imaginar Ingrid Bergman roubando alguma coisa do cenário de *Casablanca*. Mas eu sabia que eles iriam me perguntar isso, então comecei a procurar. Mandei uma mensagem para a Alexis perguntando se ela queria alguma coisa. Ela ainda não havia terminado de gravar e disse que iria ao set para dar uma olhada.

Não há sensação mais estranha do que nós duas andando pela nossa casa tentando encontrar algo para levarmos de lembrança. "Isso estava aqui antes?", perguntávamos uma à outra toda hora. Tanta coisa havia sido reconstruída. Além disso, a cozinha da Lorelai foi modernizada. Então tudo é familiar e, ao mesmo tempo, novo. Alexis pegou um banner de Yale da parede do quarto da Rory. Eu peguei um flamingo rosa feito de alumínio que estava pendurado na parede da cozinha. Eu não tinha nenhuma ligação pessoal com esse flamingo, mas agora tenho, pois será a história que contarei quando me perguntarem se guardei alguma coisa do set. Também peguei algumas fotos emolduradas e um ímã em formato de maçã com o rosto da Rory estampado nele que diz "VOCÊ É A MENINA DOS MEUS OLHOS". Alexis abriu uma garrafinha de champanhe que tinha guardada, e ela, Amy e eu fizemos um rápido brinde antes de voltarmos ao trabalho. Até mais, casa da Lorelai! Foi triste dizer adeus, mas pelo menos desta vez eu sabia que este tinha sido nosso último dia juntas. Embora... Alguém mais notou que o final ficou meio em aberto?

QUINTA-FEIRA, 28 DE ABRIL

Os produtores de *The Royal We*, que eu deveria estar adaptando neste exato momento, me ligaram perguntando como o roteiro estava indo. Respirei fundo, assumi minha personalidade de escritora mais profissional possível e retornei a ligação, dizendo algo do tipo "La la la la la, não consigo ouvir vocês". Por sorte, eles foram legais.

Encontramos um papel para o Gary! Ele iria interpretar o cara na cena que se passa em um museu de baleias com a Kelly. Mas a cena só seria filmada na segunda-feira, e o Gary estava em Nova York. Teríamos de arrumar um jeito de trazê-lo para L.A. até lá. Ele tinha ficado de ver isso.

SEGUNDA-FEIRA, 2 DE MAIO

Três voos atrasados e uma exaustiva jornada da noite para o dia depois, Gary conseguiu chegar a Nova York! Depois das cenas dele, fomos para o meu trailer e conversamos sobre os longos dias e noites que passamos juntos por sete anos. Por algum motivo, relembrar o passado com ele me fez perceber, pela primeira vez de fato, que estávamos quase chegando ao fim.

TERÇA-FEIRA, 10 DE MAIO

Foi o penúltimo dia de trabalho. A participação da Melissa foi a última peça e, de certa forma, a mais importante desse quebra-cabeça. Não tenho palavras para expressar a alegria que foi estar de volta à cozinha como Lorelai acompanhada de sua melhor amiga, Sookie. Senti muita falta da Melissa na vida real também.

Depois do trabalho, ela, Yanic e eu saímos para beber. Ficamos conversando durante horas, e eu teria sido capaz de ficar ali para sempre, mas tinha de tentar dormir um pouco. O dia seguinte seria o último... e seria longo.

QUARTA-FEIRA, 11 DE MAIO

O dia pelo qual todos tanto esperávamos finalmente havia chegado! E não me refiro só ao nosso último dia de trabalho... Este era também o dia em que eu teria de responder à intrigante e filosófica pergunta que este livro vem fazendo: o que eu iria comer no lugar das almôndegas desidratadas? Acho que você ficará aliviado ao saber que escolhi bolinhas de chocolate com coco. Enfim, depois dessa questão política global resolvida, você pode voltar a viver sua vida tranquilamente!

Alexis e eu passamos a maior parte do dia gravando uma cena que acontece em um quarto de hotel em Nova York. Rory volta, depois de ter tido um caso, preocupada com a possibilidade de ter cometido um erro. Lorelai tenta aconselhá-la. Alexis faz a cena com um misto perfeito de pânico e humor. Todos os nossos cenários já haviam sido desmontados — este era o único que tinha sobrado —, e, assim que terminamos a cena, já estou triste. Vou sentir uma saudade enorme da Alexis, assim como da conexão especial que nós duas temos.

A última cena da noite, e da série, é uma recriação de uma espécie de túnel pelo qual Lorelai, Luke e Rory passam, uma retomada da cena que começamos a gravar à noite, no *back lot*, mas não tivemos tempo de terminar. Você entenderá tudo quando assistir ao episódio, mas adianto que faz parte de uma sequência meio mágica; a música de fundo é "Reflecting Light", da Sam Phillips, e não há diálogos. Posso contar em uma mão o número de cenas que fizemos ao longo dos anos em *Gilmore Girls* que não tiveram diálogo. Isso também vai para a lista de coisas estranhas que aconteceram. Algumas pessoas começaram a se reunir perto do monitor: o pessoal da produção, nossos assistentes de direção e seus auxiliares, alguns colegas do escritório. Não havia nada para ver exatamente, mas sei que eles estavam ali para se despedir, para estarem juntos de nós quando tudo acabasse, e havia um clima especial no ar. Nós três caminhamos juntos em silêncio pela passagem cinco ou seis vezes.

E, então, finalmente, chegamos ao fim.

Chorei tanto naquelas últimas semanas e ao longo dos últimos meses que, além de ter estado muito emotiva, também fiquei com os olhos praticamente ressecados — como se eu estivesse em coma. Amy e eu nos abraçamos. Scott e eu nos abraçamos. Dan e eu nos abraçamos. Alexis e eu nos abraçamos. Todos ficamos ali, meio sem jeito, sem saber exatamente o que fazer. Tiramos algumas fotos, tentando registrar um momento impossível de ser registrado. E, nessas fotos, pareço estar completamente atordoada.

Mais tarde, ainda com as calças do pijama que a Lorelai usa na cena (e uma blusa também, não se preocupe), encontrei alguns integrantes do elenco e da equipe no Smokehouse, nosso refúgio local, conversamos um pouco, agradecemos uns aos outros e nos entreolhamos, ainda meio confusos. Conseguimos! Não foi isso? Quero dizer, conseguimos, não foi? Ninguém sabia se isso um dia iria acontecer, e agora nós mal éramos capazes de acreditar que realmente tínhamos feito aquilo.

Depois de um drinque, voltei ao meu trailer para guardar algumas coisas antes que ficasse muito tarde e, de repente, me dei conta de que não sabia onde estava meu casaco azul. Será que eu o havia deixado no set, como sempre faço? Telefonei para o estúdio e descobri que não estava lá. Os assistentes de direção se comunicaram pelos walkie-talkies. Todos, em algum momento, já tinham me visto carregando aquele casaco ou usando-o quase todo dia, então eles sabiam exatamente o que estavam procurando. Além disso, ele era comprido, fofo e azul... Não poderia ter ido muito longe. Mas ninguém o tinha visto. Quando havia sido a última vez que eu tinha usado aquele casaco? Hoje? Não, acho que não, pensei. Hoje fez um calor infernal, assim como ontem... Ontem! Finalmente eu me lembrei. Estava fresco de manhã, mas na hora do almoço esquentou. Eu estava com o Yanic e a Melissa, e levei minha bicicleta até o estúdio, onde nosso almoço de despedida foi servido. Então deixei a jaqueta verde de couro que estava usando na cena e meu casaco azul fofo dobrado sobre o guidom. Usei a jaqueta verde de couro em uma cena hoje de novo, então o pessoal do figurino deve ter pegado o casaco azul também. Ufa. Eles ainda estão aqui guardando as coisas... Brittany provavelmente o mandou à tinturaria para mim. Mas, quando fui ao trailer de figurino, ela me disse que, quando pegou a jaqueta verde que estava pendurada na minha bicicleta ontem, não viu o casaco azul.

Em todos os anos que trabalhei naquele lugar, vi o *back lot* como uma espécie de extensão da minha casa. Já que costumava passar mais tempo lá do que na minha própria casa, isso fazia sentido. Mas agora tudo estava diferente. A Warner Brothers promove visitas guiadas lá, o que significa que tem muito mais pessoas circulando pelo estúdio do que antes. Mas, ainda assim, ao longo da gravação de toda essa temporada, eu deixava coisas espalhadas por todos os cantos e elas sempre acabavam voltando para mim. Então não quero pensar no pior, mas talvez tuitar aquela foto quando a série foi anunciada tenha feito alguém que estava passando ver o meu casaco como um objeto de colecionador. Será?

(Aliás, se você é esse alguém, sem ressentimentos, mas poderia enviá-lo para John Carrabino, meu agente em Los Angeles? Não faremos nenhuma pergunta.) E, para você que é da Scotland Yard, aqui vai o último registro do meu casaco azul:

É só um casaco, eu sei, mas o guardei por tanto tempo! Eu nunca o havia usado uma vez sequer depois que a série original acabou — seria muito estranho se você me visse com ele fazendo compras, tipo: ui, ui, olhe para mim! Estou usando um casaco enorme e fofinho no qual está escrito *Gilmore Girls*! Nem tenho certeza do motivo pelo qual eu o guardei. Quando o vesti de novo, depois de anos, encontrei um pacote de açúcar de 2008, já seco, no bolso — não tinha tocado nele desde então. Uma vez, tivemos um inverno muito rigoroso, e todos os nossos casacos foram destruídos por traças, mas este se salvou de alguma forma — até as traças entenderam que um dia eu iria precisar dele de novo. Em *Gilmore Girls: um ano para recordar*, ele esteve comigo todos os dias, me deixou quentinha e seca, e levantava com o vento enquanto eu pedalava minha bicicleta pelo estúdio altas horas da noite. Então não consigo deixar de ficar um pouco triste por saber que o perdi.

Mas aquele tinha sido nosso último dia, e o casaco havia servido a seu propósito. Nosso trabalho terminou, e estamos em maio, em Los Angeles. O sol está a pino, e não preciso de mais de nada para me aquecer. É claro, por razões sentimentais, eu preferia tê-lo comigo. Mas penso nos setenta dias incríveis de gravação, em todas as pessoas às quais sou tão grata, e em todo o amor que depositamos na série. Penso na Emily, em suas cenas de Marie Kondo, se livrando de algumas coisas porque estava aprendendo um novo jeito de demonstrar gratidão pelo passado, percebendo que receber e aceitar o futuro é tão importante quanto tudo o que passou. E, enquanto a cena dela fala sobre *escolher* o que você quer descartar, mais que perder uma coisa ou ter algo do que gosta tirado de você, e pegando o embalo no que este livro prega, decido que, em vez de lamentar a perda do meu casaco, vou apenas agradecer pelo tempo que passamos juntos. Muito obrigada por ter se escondido no fundo do meu armário com apenas um saquinho de açúcar seco como companhia por todos esses anos. Valeu por ter esperado, por me dizer de alguma forma que eu iria usar você novamente. Obrigada por me conduzir por todos os setenta dias de "Inverno", "Primavera", "Verão" e "Outono".

Agradeço por tudo que você fez por mim e, então, o deixo livre.

Afinal de contas, esperamos um tempão para ter a chance de terminar essa série e, agora, finalmente, *Gilmore Girls* acabou de verdade.

Quero dizer, *acabou*, não é?

Sim. Acabou. Acabou mesmo.

Mas, sério, você não acha que aquele final ficou meio aberto?

Hmmmm...

Agradecimentos

Esther Newberg, minha agente literária, foi uma das primeiras pessoas a apostar em mim como escritora. Sou muito grata à Esther por seu encorajamento e por ela ter habilmente me afastado de qualquer coisa que pudesse parecer um *Rabisco de macaco.*

Sinto-me honrada pela oportunidade de trabalhar novamente com a equipe da Penguin Random House. Gina Centrello, Kara Welsh, Jennifer Hershey, Kim Hovey, Cindy Murray, Susan Corcoran, Kristin Fassler, Shona McCarthy e Paolo Pepe, muito obrigada pelo apoio. Fiquei muito animada por trabalhar com Sara Weis pela primeira vez. Um agradecimento especial para as primeiras leitoras Elana Seplow-Jolley, Anne Speyer e Julia Maguire. A contribuição de vocês foi inestimável e veio quando eu mais precisava de um estímulo.

Amy Sherman-Palladino me deu o papel da minha vida. Serei eternamente grata a ela até o último dia da minha existência. Também sou grata à escola acidental da escrita que frequentei graças aos anos que passei proferindo as palavras dela e de Dan Palladino. Agradeço a *todos* os escritores talentosos com quem tive a sorte de trabalhar como atriz, seja na televisão ou no cinema, principalmente a Jason Katims e à equipe de roteiristas de *Gilmore Girls* e *Parenthood*.

Helen Pai, obrigada por tudo e mais um pouco.

Agradeço à Elise LaPlante por sua assistência durante longos dias de gravação e por saber como montar um bar de margaritas nas noites de sexta-feira.

Sempre serei grata ao meu time estelar: Eddy Yablans, John Carrabino, Adam Kaller e Cheryl Maisel.

A alguns amigos, cujas críticas sempre tornam tudo melhor: obrigada Kathy Ebel, Allison Castillo, Ellie Hannibal e Mae Whitman.

Jennifer E. Smith, minha editora, merece toda a gratidão e os elogios que posso conceder. O primeiro livro que fizemos juntas teve um cronograma "apertado", e, este aqui, "a mil por hora". Não sei o que mais pode acontecer, a não ser que exista uma versão "*Terremoto: a falha de San Andreas* estrelando The Rock". Além de tudo, ela é generosa, inteligente, entusiasmada e tem muito bom gosto. Não sei como posso agradecer mais. Só estou triste por ter de informá-la que, como resultado de sua excelência, ela jamais se verá livre de mim.

Por último, mas não menos importante, agradeço à minha família. Principalmente durante esse processo, minha irmã Shade Grant foi minha mentora, amiga e conselheira de moda (embora os macacões não sejam culpa dela). Agradeço aos Grahams, Grants, Krauses, McHales e Morelands, e especialmente a uma pessoa que ainda não está aqui, mas para quem faço planos de, em breve, mimar até estragar. A Peter, por cuidar tão bem de mim sempre que a escrita invade e devora nossas vidas.

Agradeço à minha mãe e ao meu pai, onde todas as histórias começaram.

Este livro foi composto na tipografia
Bembo Std, em corpo 12/16, e impresso em
papel off-white no Sistema Digital Instant Duplex
da Divisão Gráfica da Distribuidora Record.